WingTsun der Mitte

Geometrie und Biomechanik

Sifu Samuel Lutz
5. Meistergrad WingTsun

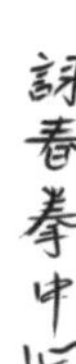

詠春拳中心

Danke

Christian Bärenklau für Grafik u. Fotobearbeitung
Stefan Bösch für Fotos
Michael Elser für Illustrationen

für Korrekurlesen grammatisch:
Beatrix Bärenklau

2. Auflage:
Yvonne Schori

für Korrekturlesen grammatisch und fachlich:
GM Dr. K.R. Kernspecht
Meister Tibor Farago

für Inspiration und den Unterricht in den vergangenen Jahren:
GM Dr. K.R. Kernspecht (mein Si-Gung)
GM G. Schembri (mein Si-Fu)

詠春拳中心

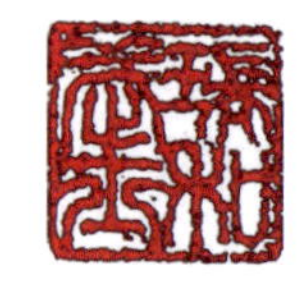

GM Keith R. Kernspecht (mein Si-Gung)

Keith R. Kernspecht ist wahrscheinlich einer der größten Kampfkünstler aller Zeiten und mit Sicherheit einer der größten Großmeister des WingTsun. Keiner hat diese Kampfkunst in den vergangenen fünfzig Jahren geprägt wie er.

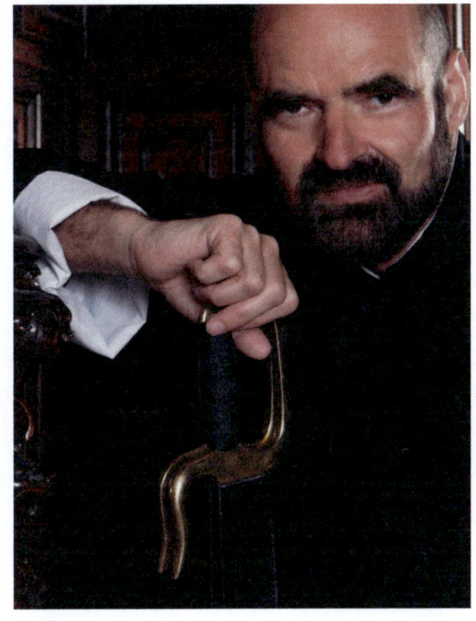

Er ist der Vater des WingTsun in Europa. Ohne ihn könnten wir diese geniale Kampfkunst heute in der westlichen Welt nicht überall lernen. Sein Verband, die EWTO, umfasst allein schon über 2000 Schulen in Europa, wobei auch die meisten anderen WingTsun-Verbände in Europa in irgendeiner Form aus der Lehre von GM Kernspecht hervorgegangen sind.

GM Kernspecht hat durch sein unermüdliches Forschen und Arbeiten eine einzigartige Evolution dieser Kampfkunst ermöglicht. Dank seinem Bestreben nach wissenschaftlicher Analyse konnte er die Kampfkunst WingTsun bis zum universitären Studium bringen, wo interessierte Kampfkünstler heute Bachelor und Magister-Studiengänge in Sportpädagogik, mit der Hauptrichtung WingTsun absolvieren können.

Seine zahlreichen Bücher dienen mir, aber auch der gesamten WingTsun-Welt als reiche Quelle der Inspiration. Sein Klassiker „Vom Zweikampf" ist wahrscheinlich in jeder WingTsun-Schule der westlichen Welt zu finden. Für sein Lebenswerk verdient er von der gesamten Kampfkunstwelt größten Respekt. Ich möchte mich hiermit von ganzem Herzen bei GM Kernspecht bedanken.

詠春拳中心

GM Giuseppe Schembri (mein Si-Fu)

Großmeister Schembri ist seit fünfzehn Jahren mein direkter Lehrer. Alles, was ich über WingTsun weiß, habe ich von ihm gelernt. Er war und ist mir aber nicht nur die Kampfkunst betreffend ein Vorbild. Auch auf menschlicher Ebene durfte ich sehr viel von ihm lernen.

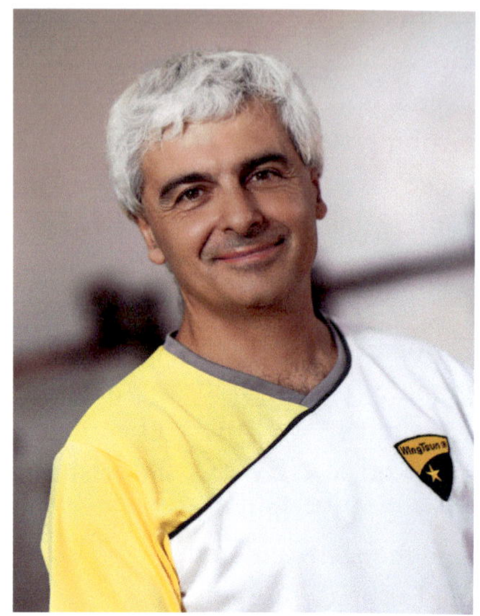

GM Schembri hat mich inspiriert, immer an mir selbst zu arbeiten, und zwar nicht nur das WingTsun betreffend. Durch sein vorbildliches Verhalten hat er mich ermuntert, ein besserer Mensch zu werden. Si-Fu bedeutet bekanntlich Vaterlehrer. Da mein leiblicher Vater schon sehr früh (während meiner Pubertät) gestorben ist, fehlte mir in meiner späten Jugend ein Vorbild, wodurch ich auf Abwege geriet. Als ich mit WingTsun angefangen und meinen Si-Fu kennengelernt hatte, füllte er für mich persönlich diese Lücke. Er hat immens viel dazu beigetragen, dass ich mich zu dem entwickelt habe, was ich heute bin.

GM Schembri ist mein Vater-Lehrer im wahrsten Sinne des Wortes. Auf Kampfkunstebene brennt sein Herz für diese Kampfkunst und für die EWTO. Er schafft es wie kein anderer immer wieder, seine Schüler und Seminarteilnehmer mit diesem Feuer anzustecken und das nicht nur in jedem Training und bei jedem Seminar, sondern auch neben der Trainingsfläche, beim gemütlichen Zusammensitzen und im persönlichen Gespräch.

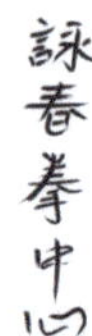

Vorwort GM Giuseppe Schembri

Die Kampfkunst WingTsun wird von Lehrer zu Lehrer weitergegeben. Jeder setzt es gemäß seinem Verständnis um und entwickelt es im besten Fall weiter. Mein eigener Lehrer, Si-Fu Dr. GM Keith R. Kernspecht, Leiter und Gründer der EWTO, ist ständig daran, zu erforschen und zu verbessern, seit ich ihn kenne. Er hat WingTsun auf ein sehr hohes Niveau gebracht. Dies hat mich angespornt, auch an mir zu arbeiten und WingTsun selbst genaustens zu erforschen. Für diese Inspiration bin ich meinem Si-Fu sehr dankbar.

Mich persönlich zwang speziell meine Statur zur Erforschung und Optimierung meiner Bewegungen. Mein Si-Fu und die meisten meiner Trainingskollegen waren und sind größer als ich. Sie konnten ihre Größe und Kraft nutzen, um gegen mich erfolgreich zu sein. Darum habe ich schon vor vielen Jahren angefangen, selbst zu experimentieren, wie ich trotz meines Nachteils betreffend Größe und Kraft erfolgreich sein kann. Ich habe meine Vorgehensweise an meine Körpergröße angepasst. Ich habe festgestellt, dass ich immer von mir selbst ausgehen muss, damit WingTsun für mich funktioniert. Für meine Statur ist es wichtig, dass ich mich leicht und entspannt bewege, damit ich nicht viel Kraft in meiner Bewegung brauche. Indem ich meinen Körper leicht und flexibel bewege, kann ich sehr effizient auch gegen größere und kräftigere Angreifer bestehen, gerade weil diese sich auf ihre Größe und Kraft verlassen. Mit wenig Aufwand viel erreichen lautet meine Devise. Ich kümmere mich fast ausschließlich um mich selbst und bringe mich stets aus der Gefahrenzone. Was das Gegenüber macht, wird nebensächlich.

Dabei ist es nicht der Kampf, der mich schon über vierzig Jahre mit Herzblut beim WingTsun hält. Es ist die Freude, mit dem eigenen Körper zu arbeiten, immer mehr Leichtigkeit zu entwickeln und Wege zu finden, alles, was auf mich einwirkt, zu beruhigen und zu neutralisieren. Die Kraft soll nicht mehr auf mich einwirken und mich nicht mehr stören können. Daran arbeite ich.

Als Lehrer ist es für mich wichtig, dass WingTsun für jeden machbar wird. Ich versuche, auf die körperliche Voraussetzung jedes Einzelnen einzugehen, und ihm zu zeigen, wie er sich leicht und effizient verteidigen kann. Dabei ist es spannend zu sehen, ab welchem Punkt die Schüler beginnen, sich selbst über ihr WingTsun Gedanken zu machen, über das, was sie tun und auch wie sie es tun. Dies ist ein wichtiger Schritt für die eigene Entwicklung. Für mich als Lehrer ist es wesentlich, diesen wichtigen Prozess zuzulassen und bestmöglich zu unterstützen. Am Ende hat jeder sein eigenes WingTsun, genau auf sich abgestimmt. WingTsun heißt, sich der Situation anzupassen und dabei seinen eigenen Weg zu gehen.

Es freut mich sehr, dass ich meinen Schüler, Sifu Samuel Lutz 5. MG WingTsun, anregen konnte, sich ins WingTsun zu vertiefen. Als langjähriger Physiotherapeut arbeitet er täglich mit den unterschiedlichsten Menschen und kennt sich mit dem Bewegungsapparat sehr gut aus. Er weiß nicht nur, wie sich ein Körper bewegen lässt, sondern auch, wie man einem Körper Bewegungen am effizientesten beibringen kann. Letzteres hat ihm als WingTsun-Lehrer und dadurch auch seinen Schülern sehr weitergeholfen.

Samuel Lutz beleuchtet in seinem Buch seine geometrische und biomechanische Sicht auf WingTsun. Als Neurophysiotherapeut versteht er genau, wie der Körper sich optimal bewegen kann, und hat dieses Wissen in jahrelanger praktischer WingTsun-Arbeit für sich erschlossen. Es ist sehr spannend, in seine wissenschaftlich gestützte Sichtweise des WingTsun einzutauchen. Vielen Dank, Samuel, dass Du deine Erkenntnisse mit uns teilst. Mögen sie den Lesern helfen, ein analytisches Verständnis für die Funktionsweise von WingTsun zu entwickeln.

Ich wünsche Euch allen viel Freude beim Lesen.

GM Giuseppe Schembri

Inhalt

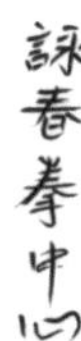

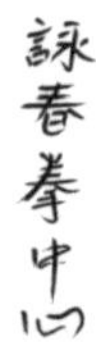

WingTsun als Kampfkunst der Mitte

詠春拳中心

Die SiuNimTau

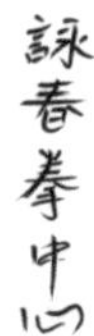

Der Weg zu diesem Buch

In den letzten neunzehn Jahren habe ich meine ganze Energie in die Erforschung von zwei sehr unterschiedlichen und doch so verbundenen Feldern investiert. Zum einen lebte ich mit Leib und Seele für die Kampfkunst, indem ich durchschnittlich zwanzig Stunden pro Woche mit Üben und Unterrichten von WingTsun verbrachte.

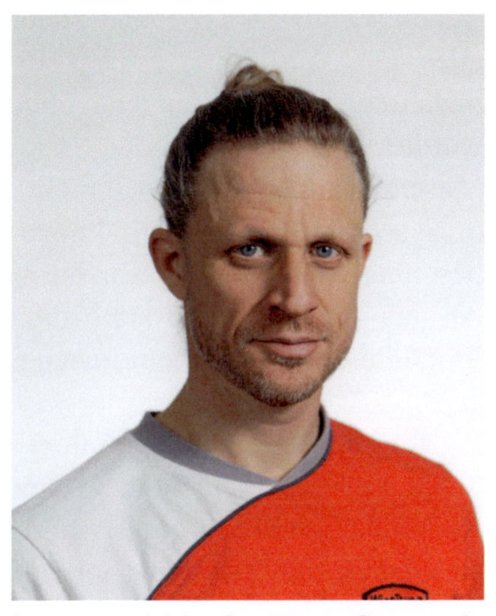

Nicht weniger intensiv befasste ich mich als Physiotherapeut mit dem menschlichen Bewegungsapparat. Ich wollte dessen Funktionen, Zyklen und Prinzipien verstehen. Jetzt, wo ich hier sitze und diese Zeit reflektiere, erkenne ich, dass sowohl in der Kampfkunst als auch im therapeutischen Bereich alles auf der rein körperlichen Ebene begann. Ich wollte Kampfkunst lernen, um mir und meinem Umfeld etwas zu beweisen. Ich wollte beweisen, dass ich stark bin. Dass ich nicht mehr rumgeschubst werden kann, wie ich es in meiner Kindheit nur zu oft wurde. Ich war der Junge, der immer dabei war, aber nie richtig dazugehörte. Stark zu sein, nie wieder gemobbt zu werden und es allen anderen zu zeigen, das war am Anfang die treibende Kraft in meiner Kampfkunstkarriere.

Auf therapeutischer Ebene war meine Grundausbildung zum Physiotherapeuten aufgrund des schulmedizinischen Hintergrundes sehr wissenschaftlich, mechanisch und alles andere als ganzheitlich. Dies störte mich am Anfang meiner therapeutischen Laufbahn keineswegs. Im Gegenteil. Als ein sehr logisch denkender Mensch war ich fasziniert von den wissenschaftlichen Facts und dem naturwissenschaftlichen, medizinischen Wissen, mit dem ich gefüttert wurde und welches ich zum großen Teil erfolgreich anwenden konnte. Wo es nicht funktionierte, reagierte ich, wie ich es gelernt hatte, und tat die Problematik des Patienten als psychosomatisch ab. Eine grundlegende Reaktion der Schulmedizin, wenn deren Ansatz nicht zum Erfolg führt.

Aber mit zunehmender Berufserfahrung begann ich mir selbst Fragen zu stellen. Kann das, was ich im schulmedizinischen Bereich gelernt habe, wirklich alles sein? Warum bessern sich Beschwerden bei manchen Patienten lange Zeit nicht und verschwinden dann ohne Zutun, längst nachdem die Therapie beendet wurde? Was ist mit all den Spontanheilungen? Sind wir wirklich biologische Maschinen oder ist da noch mehr? Die Frage: „Ist da noch mehr?" beschäftigte mich schon früh in meinem Leben. Ich bin katholisch aufgewachsen und war nie besonders gläubig. Mir war die spirituelle Welt aber auch nie wirklich fremd. Als ich fünfzehn war, starb mein Vater bei einem tragischen Unfall. Diese Tragödie veränderte mein Leben schlagartig.

Ich fing an, mir Fragen über den Sinn des Lebens zu stellen. Ich begann, Texte von unterschiedlichen spirituellen Lehren zu lesen, und wurde zum Suchenden nach Sinn und Wahrheit. Manch ein Leser mag sich wohl fragen, was das alles mit Biomechanik und Kampfkunst zu tun hat.

In Wahrheit ist der spirituelle Aspekt für die kommenden Ausführungen fundamental. Nein, dieses Buch ist kein spiritueller Wegweiser. Es geht hier um Biomechanik, Kampfkunst, die Natur des menschlichen Bewegungsapparates und somit des menschlichen Potentials. Spätestens, als ich in den vergangenen zwei Jahren anfing, mich mit der Quantenphysik auseinanderzusetzen, durfte ich erkennen, dass Spiritualität und Wissenschaft zwei Sprachen sind, die versuchen, dasselbe zu beschreiben.

Die moderne Wissenschaft findet ihren Anfang in einer Zeit, wo die alleinige Macht bei der Kirche lag. Nur durch die klare Trennung vom Materiellen und vom Geistigen wurde es für die naturwissenschaftlichen Pioniere überhaupt möglich, ihre Forschungen durchzuführen, ohne als Ketzer an den Pranger gestellt und hingerichtet zu werden. Es ging also bei der Trennung von Materiellem und Geistigem um Macht und Kontrolle. Diese Zeiten sind längst vorbei. Deswegen ist es wichtig, dass wir uns öffnen, und mit offenem Herzen und Verstand an die Arbeit machen, um Naturwissenschaft und Geisteswissenschaft wieder zusammenzuführen. Denn letzten Endes ist alles eins und es gilt, was Hermes Trismegistos vor 4000 Jahren schon lehrte:

„Wie oben, so unten".

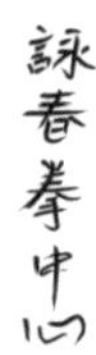

Und so danke ich mutigen Wissenschaftlern wie Nassim Haramein oder Bruce Lipton, die diese Zusammenhänge nicht nur erkannt haben, sondern auch den Mut fanden, ihre Ansichten in der Öffentlichkeit zu vertreten, auch wenn sie mehr Hohn als Würdigung von ihren Kollegen erhielten. Aber auch Galileo Galilei wurde nicht ernst genommen, als er sagte, die Erde drehe sich um die Sonne. Nein ich bin nicht von Hochmut befallen und möchte mich nicht in einem Atemzug mit den großen Denkern und Wissenschaftler nennen.

Dennoch habe ich in den vergangenen Jahren viel gearbeitet und fühle intuitiv, dass ich einer höheren Wahrheit näherkomme. Eine Wahrheit, die sowohl die Welt der Therapeuten als auch die Welt der Kampfkünstler bereichern kann. Eine Wahrheit, die Wissenschaft und Mystik vereint, die uns hilft, die alten Philosophien und Lehren besser zu verstehen und mit den modernen Erkenntnissen der Wissenschaft zusammenzuführen. Dies ist einer der Gründe, warum ich dieses Buch schreibe.

Persönlich glaube ich an die Theorie der Einheit – also daran, dass wir alle eins sind, und dass ich, wenn ich jemandem anderen Schaden zufüge, auch mir selbst schade. Ich spreche mich aus tiefster Überzeugung gegen jegliche Gewalt aus, es sei denn, sie geschieht aus Notwehr zur Selbstverteidigung. Aber auch in dieser Situation ist es mein Endziel, den Angreifer zu schonen und nicht unnötig zu verletzen. Wie mein Si-Fu immer so schön sagt:

„Der Angreifer ist mein Freund, er hat es nur vergessen."

In diesem Buch zeige ich biomechanische Prinzipien auf, die auf der Heiligen Geometrie basieren. Diese Prinzipien können es dem Kampfkünstler ermöglichen, selbst in der körperlichen Auseinandersetzung „gewaltlos zu bleiben".

Mit „gewaltlos" meine ich hier, dass man dem Gegner keine Angriffsfläche gibt und diesen stets gegen sich selbst arbeiten lässt. Ziel ist es, die Kraft des Gegners ins Leere laufen zu lassen oder sofort zu beruhigen. Mein Si-Fu GM Schembri benutzt das schöne Bild vom Wasserfall, welcher in den Bergsee fließt. Das Wasser kommt mit großer Wucht vom Wasserfall heruntergestürzt. Sobald es den See erreicht, wird diese Energie vom See aufgenommen und sofort beruhigt.

Die in diesem Buch beschriebenen geometrischen und biomechanischen Grundlagen liefern dem Übenden eine Möglichkeit, mit der gegnerischen Kraft genau gleich umzugehen wie der Bergsee mit dem Wasserfall. Die Kraft des Gegners wird sofort neutralisiert, wodurch gewaltfreies Siegen möglich wird. Jeder wache Geist, der sich durch diese Zeilen inspiriert fühlt, wird dabei helfen, das Verständnis vom WingTsun als potenziell gewaltfreie Kampfkunst zu vertiefen. Deswegen möchte ich Dir an dieser Stelle bereits danken, dass Du dieses Buch zur Hand genommen hast. Ob Du mit dem Nachfolgenden einverstanden bist oder nicht, ist für mich sekundär. Denn es geht nicht darum, ob ich recht habe. Ich glaube fest daran, dass es verschiedene Wege und somit auch verschiedene Wahrheiten gibt und dass es sowas wie die absolute Wahrheit gar nicht gibt.

Geometrie und Biomechanik der Mitte

Der Untertitel sagt eigentlich schon alles über den Inhalt. Am Anfang erkläre ich einige Grundlagen der Heiligen Geometrie, auch hermetische Geometrie genannt. Dieses Basiswissen hilft, die anschließenden biomechanischen und architektonischen Prinzipien des Bewegungsapparates zu verstehen. Ungefähr die Hälfte des Buches werde ich diesen beiden Themen widmen. Mit diesen neuen Ideen und Blickwinkeln werden wir anschließend die Biomechanik eines WingTsun der Mitte untersuchen. Einem WingTsun, welches in letzter Vollendung zumindest theoretisch gewaltfrei sein könnte. Für den Leser, der sich bisher noch nie mit der Heiligen Geometrie auseinandergesetzt hat, bieten die ersten Seiten alle Grundlagen, welche zum Verständnis der biomechanischen Analyse notwendig sind. Danach führe ich in einige anatomischen Prinzipien ein, welche für viele Leser neu sein werden, weil sie nicht in der Schule und in der medizinischen Grundausbildung behandelt werden. Auch diese anatomischen Prinzipien bilden die Grundlage für die biomechanische Analyse des Kampfgeschehens.

Viel Spaß beim Lesen!

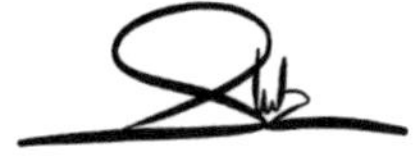

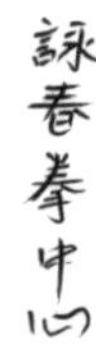

„*Auch wenn ich all das durchgemacht habe, was ich durchgemacht habe, bereue ich die Schwierigkeiten nicht, in die ich mich begeben habe, weil sie es sind, die mich dorthin gebracht haben, wohin ich zu gelangen wünschte. Jetzt ist alles, was ich besitze dieses Schwert und ich übergebe es jedem, der seinen Pilgerweg gehen möchte.*

Ich trage die Spuren und Narben der Kämpfe. Sie sind Zeugen dessen, was ich erlebt und Belohnungen für das, was ich errungen habe. Diese Spuren und Narben sind es, die mir die Tore zum Paradies öffnen werden.

Es gab eine Zeit, in der ich Geschichten von Heldentaten lauschte. Es gab einmal eine Zeit, in der ich nur lebte, weil ich leben musste. Aber jetzt lebe ich weil ich ein Krieger bin und weil ich eines Tages an der Seite derer sein möchte, für die ich so sehr gekämpft habe."

Paulo Coelho
Handbuch des Kriegers des Lichts

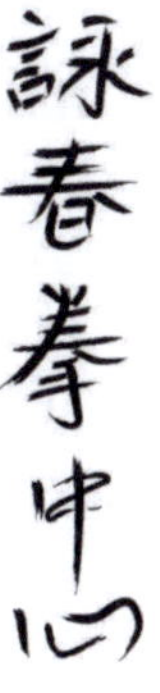

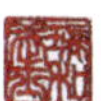

Heilige Geometrie

Die Heilige Geometrie, auch hermetische Geometrie genannt, ist die Lehre vom Aufbau der Welt. Sie beschreibt die geometrischen Gesetze, auf denen sowohl die physische wie auch die metaphysische Welt basiert. Sie verbindet Geist und Materie, Wissenschaft und Spiritualität. Diese geometrischen Muster und Gesetze finden sich überall.

Der Glaube, dass Gott oder die Götter das Universum nach einem perfekten geometrischen Plan erschaffen haben, ist uralt und in allen Kulturen verbreitet. Und so ist es nicht verwunderlich, dass die Grundlagen der Heiligen Geometrie mit ihren Proportionen und Figuren in den Bauwerken des alten Ägyptens, Griechenlands und Roms in die Architektur einflossen und als Symbole immer wieder auftauchen. Ob antike Tempel im Himalaja, die auf Mandalas basieren, oder mittelalterliche europäische Kathedralen, welche die Prinzipien der hermetischen Geometrie benutzen – überall auf der Welt scheinen alte Kulturen dieses Wissen unabhängig voneinander entdeckt und diese Geometrie sowohl in ihre Mystik wie auch in ihre Architektur integriert zu haben.

Die Heilige Geometrie besagt, dass alles im Universum aus denselben Grundmustern besteht. Nicht nur die physische, tastbare Welt, sondern auch unsere Emotionen und Gedanken unterliegen ihren Prinzipien. Die Heilige Geometrie strebt danach, die mathematischen Verhältnisse, Proportionen und Schwingungen zu studieren, die der gesamten Schöpfung zugrunde liegen, und so die Sprache zu entschlüsseln, mit der das „Göttliche" mit uns kommuniziert. Das Wissen und die Zusammenhänge der Heiligen Geometrie wurden von Wissenschaftlern lange als esoterische Spielereien abgetan. Die klare Trennung von Geisteswissenschaft und Naturwissenschaft war zu Zeiten der Herrschaft der katholischen Kirche überlebensnotwendig für die Naturwissenschaften. Ohne diese Trennung bestand für die frühen Wissenschaftler und Denker eine reelle Gefahr, als Ketzer auf dem Scheiterhaufen verbrannt zu werden. Das Beschränken auf tote Materie, die Negierung einer höheren Ordnung und somit auch das Paradigma, dass alles dem Zufall unterliegt, war die einzige Möglichkeit für die Wissenschaft, neben der Kirche zu überleben und zu wachsen.

Die hermetische Geometrie ist für sich schon ein unerschöpfliches Gebiet, worüber zahlreiche Bücher geschrieben und publiziert wurden. Es gibt einige Aspekte der Heiligen Geometrie, die für das Verständnis meiner nachfolgenden Ausführungen über die Biomechanik eines WingTsuns der Mitte wichtig sind. In diese Themenbereiche gebe ich deshalb hier eine gezielte Einführung.

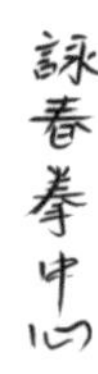

Die Platonischen Körper

Die Platonischen Körper (nach dem griechischen Philosophen Platon) sind die Polyeder mit größtmöglicher Symmetrie. Jeder von ihnen wird von mehreren deckungsgleichen regelmäßigen Vielecken begrenzt. Es gibt fünf platonische Körper. Ihre Namen enthalten die griechisch ausgedrückte Zahl ihrer Flächen:

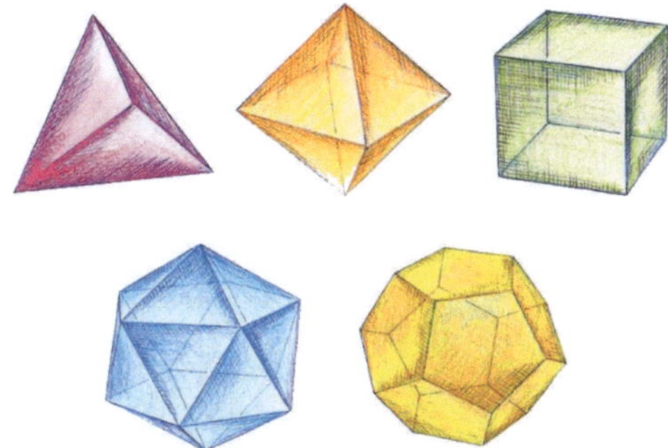

Die Platonischen Körper
Quelle: geometric desings.ch

- Tetraeder Vierflächner
- Oktaeder Achtflächner
- Ikosaeder Zwanzigflächner
- Hexaeder Sechsflächner – der Würfel
- Dodekaeder Zwölfflächner– *auch Pentagondodekaeder genannt, um auf die Oberfläche aus Fünfecken als seine Besonderheit hinzuweisen*

Spannend zu erwähnen ist, dass obwohl die platonischen Körper auf Platon zurückgeführt werden, ähnliche Skulpturen gefunden wurden, welche aus der Jungsteinzeit stammen. Dies wird allgemein als Indiz gedeutet, dass die Grundlagen der Heiligen Geometrie dem Menschen im Sinne von mystischem und spirituellem Wissen schon viel viel länger bekannt war.

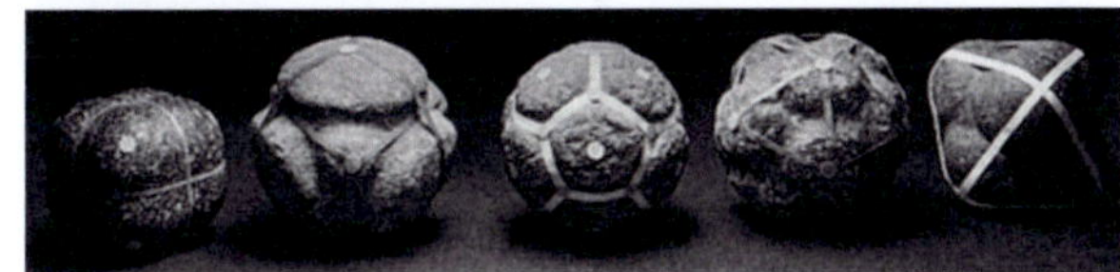

Skulpturen der Platonischen Körpern aus der Jungsteinzeit
Quelle: www.mathematik.uni-ulm.de

Die Platonischen Körper und die Elemente

Alle platonischen Körper werden einem Element zugeordnet. Nach Aristoteles gibt es fünf Elemente:

- Feuer   Tetraeder
- Luft   Oktaeder
- Erde   Hexaeder
- Wasser   Ikosaeder
- Äther/ Universum   Dodekaeder

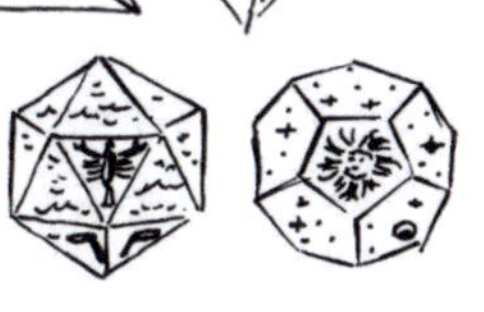

詠春拳中心

Dualität

Jedem dieser plantonischen Körper ist ein sogenannter Dualkörper zugeordnet. Wenn man die Mittelpunkte jeder Fläche miteinander verbindet, entsteht dieser Dualkörper im Innern des Körpers. Man nennt dies auch eine Verschachtelung. Diese Verschachtelung von Dualkörpern kann sowohl nach Innen wie nach Außen unendlich fortgesetzt werden. Das erinnert an das altbekannte hermetische Prinzip der Entsprechung: Wie oben, so unten.

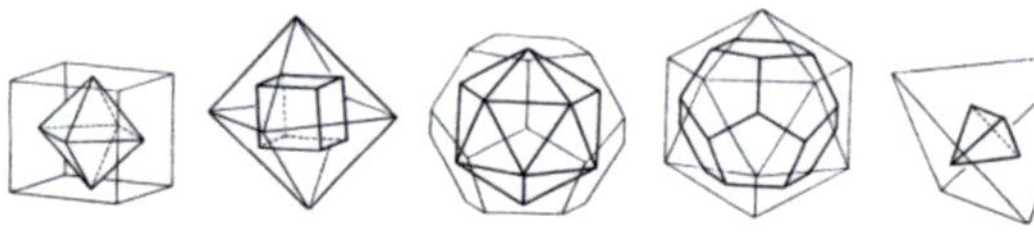

- Der Oktaeder ist dual zum Hexaeder
- Der Ikosaeder ist dual zum Dodekaeder
- Der Tetraeder ist dual zu sich selbst

Das Pentagramm

Das Pentagramm ist ein fünfzackiger Stern. Er gilt als uraltes mystisches und spirituelles Zeichen. In der Heiligen Geometrie spielt es wegen seines Bezuges zum Goldenen Schnitt eine ganz wichtige Rolle. Auch das Pentagramm folgt dem Prinzip der Verschachtelung, welche sich nach Außen wie auch nach Innen unendlich fortsetzen lässt.

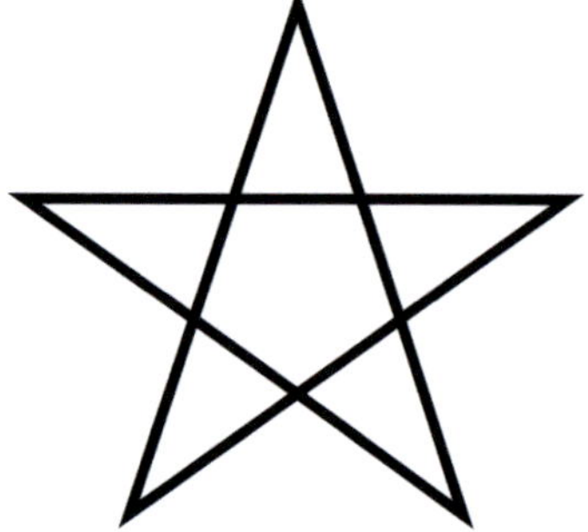

Aus meiner Sicht sehr spannend ist der Zusammenhang zwischen dem Pentagramm und dem WingTsun-Symbol, der Pflaumenblüte. Dieser Zusammenhang legte vor etwa fünf Jahren den Grundstein für die Nachforschungen, die zu diesem Buch führten. Ob mehr hinter diesem Zusammenhang steckt, oder ob es sich um einen Zufall handelt, kann ich nicht beurteilen. Betreffend die Richtigkeit der biomechanischen Schlüsse in den nachfolgenden

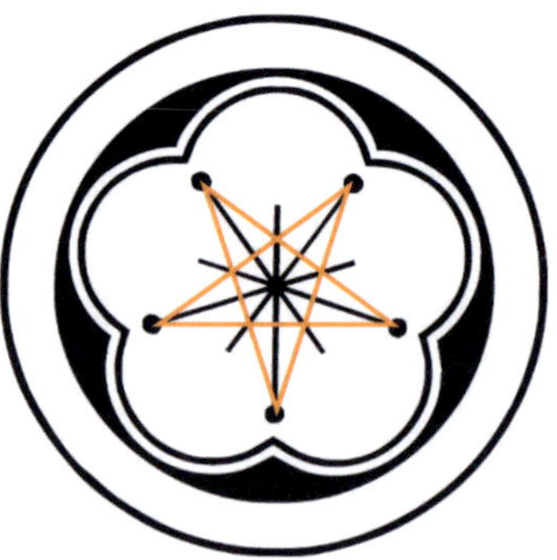

Kapiteln ist es nicht von Belang. Ich gebe jedoch zu, dass ich mir wünschen würde, dass der Zusammenhang, speziell im Hinblick auf die biomechanischen Konsequenzen, die sich daraus ergeben, kein Zufall ist.

Der kleine Dodekaederstern

Der kleine Dodekaederstern entsteht, wenn man zwölf Pentagramme dreidimensional überschneidend anordnet. Dabei entsteht ein Sternkörper, bestehend aus sechzig gleichschenkligen Dreiecken und insgesamt zwölf Spitzen. Verbindet man die zwanzig Ecken untereinander erhält man wiederum einen der platonischen Körper, den Ikosaeder. Der Ikosaeder ist, wie wir später noch feststellen werden, eine wichtige Figur für die Biomechanik des WingTsun. Spannend ist hier der Zusammenhang, dass der

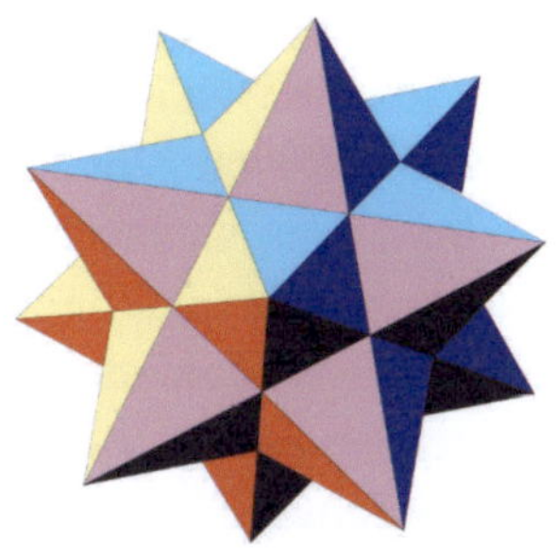

Quelle: wikimedia.org

Ikosaeder als platonischer Körper dem Element Wasser zugeordnet wird, wodurch bereits auf dieser Ebene ein Bezug zu WingTsun entsteht.

Der Goldene Schnitt

Als Goldener Schnitt wird das Teilungsverhältnis einer Strecke oder einer anderen Größe bezeichnet, bei dem das Verhältnis des Ganzen zu seinem größeren Teil (auch *Major* genannt) dem Verhältnis des größeren zum kleineren Teil (dem *Minor*) gleich ist. Aus dem Goldenen Schnitt ergibt

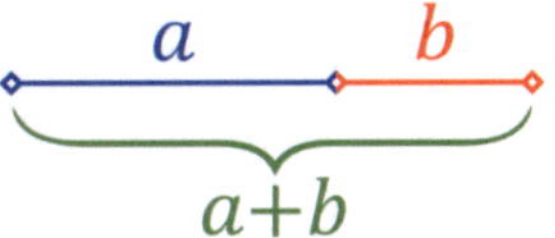

Quelle: wikimedia.org

sich der Goldene Winkel, die Goldene Spirale und mathematisch die Fibonacci-Folge. Auch das Wissen über den Goldenen Schnitt taucht in der Vergangenheit schon sehr sehr früh auf. Der Goldene Schnitt bildet zum Beispiel eine wichtige Grundlage für den Bau der Pyramiden, welche nach jüngsten Erkenntnissen viel älter sein müssen, als es in unseren Geschichtsbüchern angenommen wird.

Der Goldene Schnitt und das Pentagramm

Das gesamte Pentagramm ist nach dem Goldenen Schnitt aufgebaut. Alle Sehnen und die durch die Schnittpunkte begrenzten Sehnenteile des Pentagramms haben nur vier verschiedene Längen. Davon stehen die jeweils aufeinander folgenden zueinander im Verhältnis des Goldenen Schnitts.

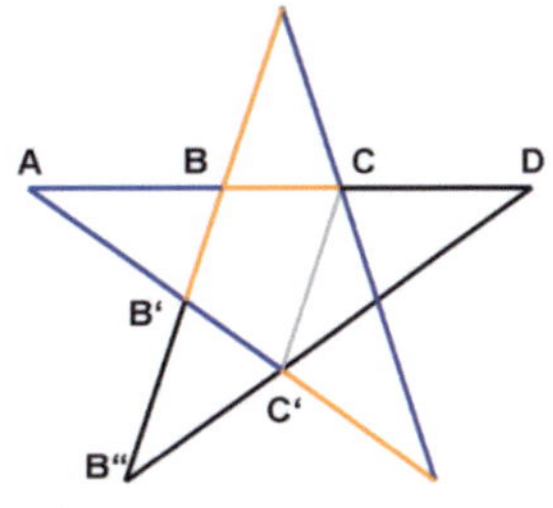

Quelle: wikimedia.org

詠春拳中心

Weitere interessante Fakten zum Goldenen Schnitt

Der Goldene Schnitt ist ein fundamentales Prinzip der Natur. Er spielt im Aufbau des Universums und allen darin vorkommenden Pflanzen und Lebewesen eine sehr wichtige Rolle und muss entscheidende Vorteile für das Leben haben, weswegen er überall in der Natur vorkommt. In der Natur zeigt sich der Goldene Schnitt gerne in Form der Goldenen Spirale oder im Goldenen Winkel. Die Goldene Spirale sieht man in der Anordnung und im Aufbau von Tannenzapfen, Sonnenblumen, Farnen, Kakteen, Schneckenhäusern Tornados, und Galaxien.

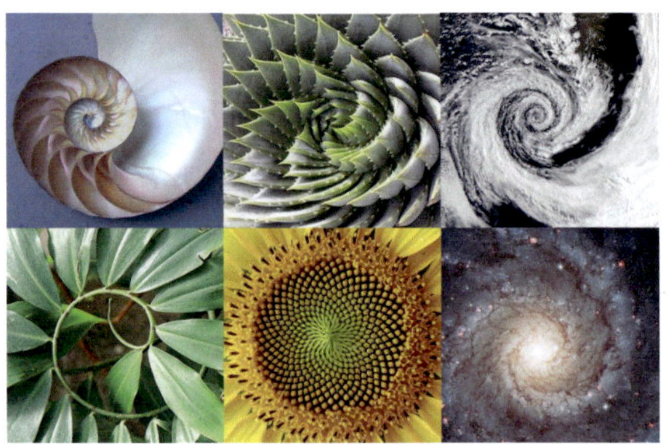

Der Goldene Winkel

Der Goldene Winkel spielt eine wichtige Rolle in der Pflanzenwelt. Dieser entsteht, wenn der Vollwinkel im Goldenen Schnitt geteilt wird. Durch wiederholte Drehung um den Goldenen Winkel (137.5 Grad) entstehen immer wieder neue Positionen, etwa für die Blattansätze im Bild. Wie bei jeder irrationalen Zahl werden dabei nie exakte Überdeckungen entstehen. Weil die Goldene Zahl die „irrationalste" Zahl darstellt, wird dabei erreicht, dass die Überdeckung der Blätter, welche die Photosynthese behindert, in der Summe minimiert wird.

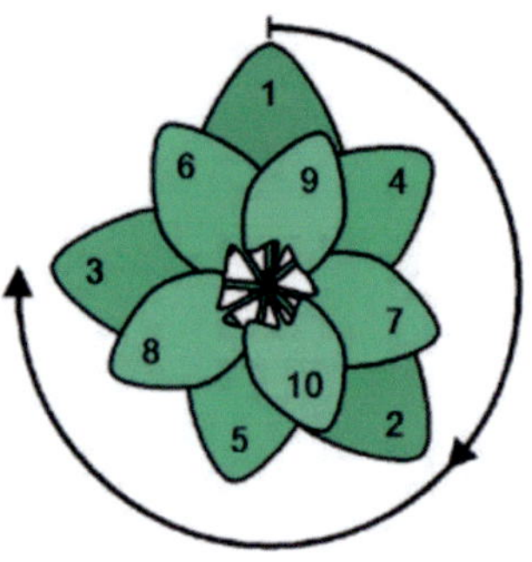

Quelle: wikimedia.org

Das Maß des Universums als Maß des Menschen

Auch im menschlichen Körper findet sich der Goldene Schnitt immer wieder. Die nebenstehende Darstellung zeigt, dass er im gesamten Körper vorhanden ist. Dies trifft bei allen normal gebauten, gesunden Menschen annähernd zu. Die Proportionen können bei einzelnen Menschen selbstverständlich an gewissen Körperpartien vom Goldenen Schnitt abweichen. Untersucht man jedoch eine hinreichend große Anzahl von Menschen, so wird das Mittel aller Proportionen auf den Goldenen Schnitt fallen.

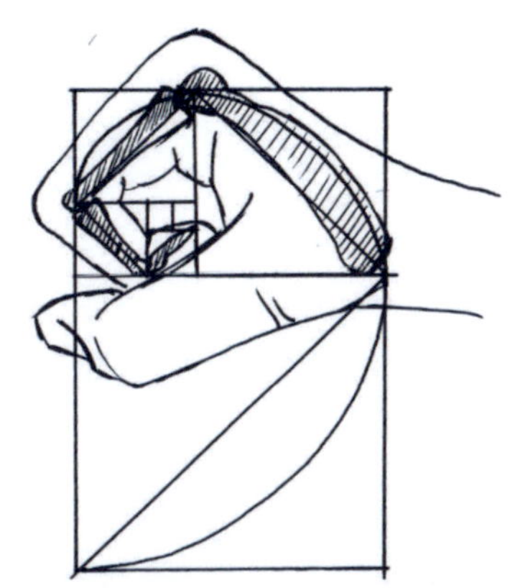

Der Goldene Schnitt ist nicht nur als Verhältnis in den einzelnen Körperabschnitten zu finden. Das Bild rechts zeigt zum Beispiel den Goldenen Schnitt in den Knochen der Hand und die daraus resultierende goldene Spirale (Fibonacci-Folge) sowie die Goldene Spirale im menschlichen Ohr.

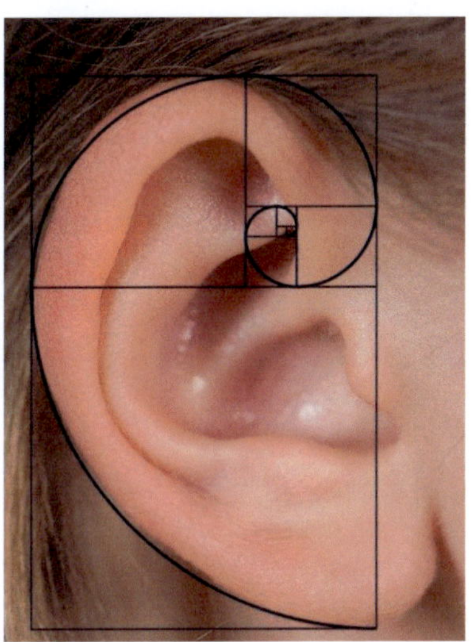

Die Erkenntnis, dass der Goldene Schnitt wesentlich für die menschliche Anatomie ist, ist für die nachfolgenden biomechanischen Erkenntnisse betreffend WingTsun von sehr großer Bedeutung.

Wenn der Goldene Schnitt in der Bauweise des Körpers eine so wichtige Rolle spielt, dann muss er auch Einfluss auf sein Bewegen haben somit auch auf das WingTsun-Bewegen.

Der Goldene Schnitt im menschlichen Körper

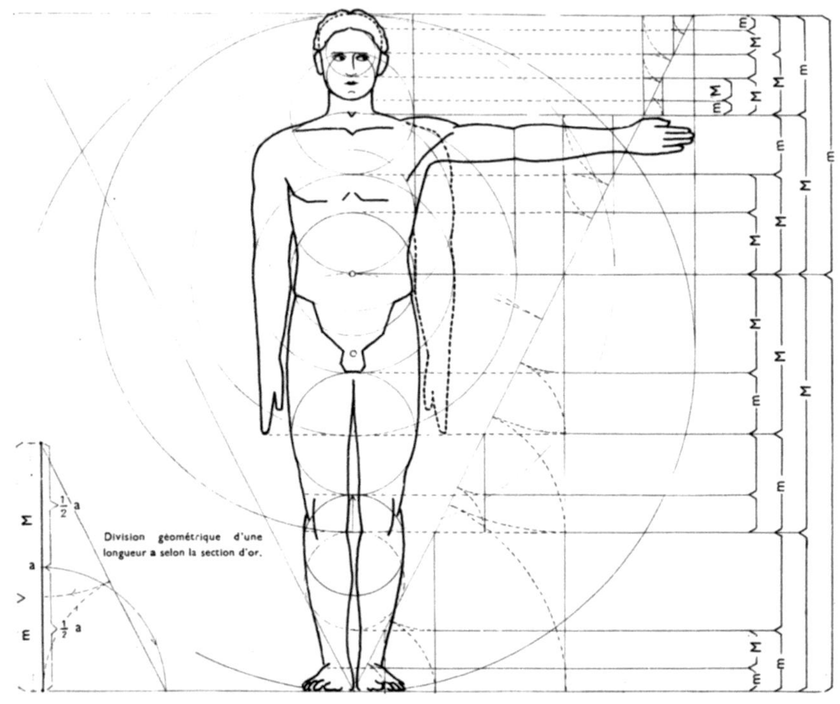

Aus Beutelspacher/Petri, Der Goldene Schnitt,
Spektrum Akademischer Verlag, Heidelberg 1996

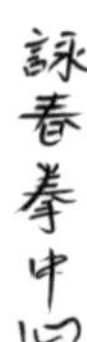

Der Tetraeder

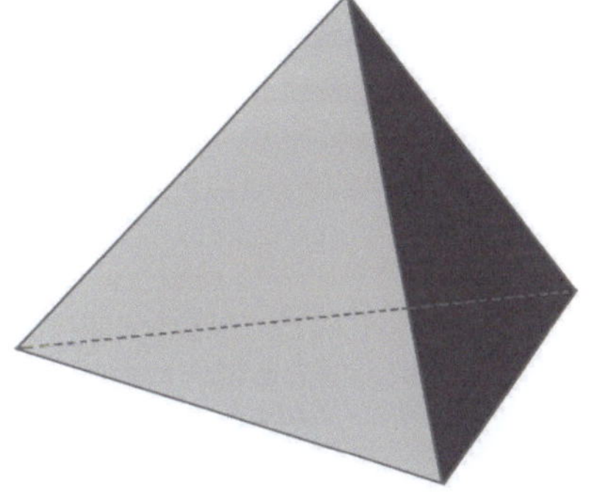

Der Tetraeder ist die geometrische Form mit dem kleinsten Volumen. Er besteht aus nur vier Flächen, vier gleichseitigen Dreiecken. Er ist wohl die stabilste geometrische Form überhaupt. Von den platonischen Körpern ist er der Einzige, der zu sich selbst dual ist, also sich selbst in sich unendlich verschachteln lässt.

Für Richard Buckminster Fuller war der Tetraeder ein wichtiger Grundstein im Aufbau des Universums. Buckminster Fuller war ein US-amerikanischer Architekt, Konstrukteur, Visionär, Designer, Philosoph und Schriftsteller. Fuller hat als einer der Ersten die Vorgänge in der Natur als durchgängiges systemisches Wirken unter wirtschaftlichen Prinzipien gesehen. Er untersuchte und beschrieb zwei sehr interessante geometrische Formen. Das Vectorequilibrium und die isotrope Vectormatrix.

Das Vectorequilibrium (VE)

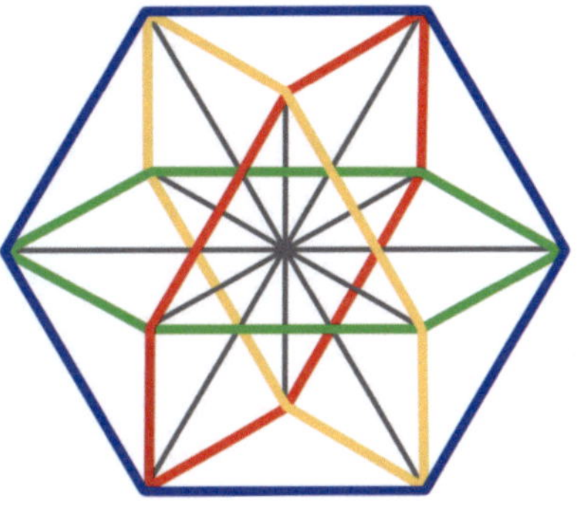

Das Vectorequilibrium ist ein Polyeder bestehend aus sechs Quadraten und acht gleichmäßigen Dreiecken. Es hat zwölf gleichartige Ecken und 24 gleiche Kanten. Die geometrische Bezeichnung des Vectorequilibriums lautet Kuboktaeder.

Fuller nannte diese Form das Vectorequilibrium, weil es die einzige geometrische Form ist, bei der alle Vektoren gleich lang sind. Dies gilt sowohl für die Vektoren, die von den Ecken zum Mittelpunkt führen, als auch für alle äußeren Kanten. Gemäß Fuller stellt das VE den ultimativen und perfekten Zustand dar, in dem die Bewegung der Energie zu einem Zustand absoluten Gleichgewichts und damit absoluter Stille kommt. Dieser Zustand entsteht in der Mitte, weshalb wir den Mittelpunkt des VE's im weiteren Verlauf als absoluten Nullpunkt bezeichnen werden. Chinesisch ausgedrückt würde man an diesem Punkt vom Nichts tun – WuWei – sprechen. Alle Energie kommt hier zusammen und vereinigt sich in absoluter Harmonie, Stille, Ruhe oder eben WuWei.

Wie Fuller feststellte, ist es aus diesem Grund die Nullphase, aus der alle anderen Formen hervorgehen. In Fullers eigenen Worten:

„The vector equilibrium is the zero starting point of happenings or nonhappenings. It is the empty theater and empty circus and empty Universe ready to accommodate any act and any audience."

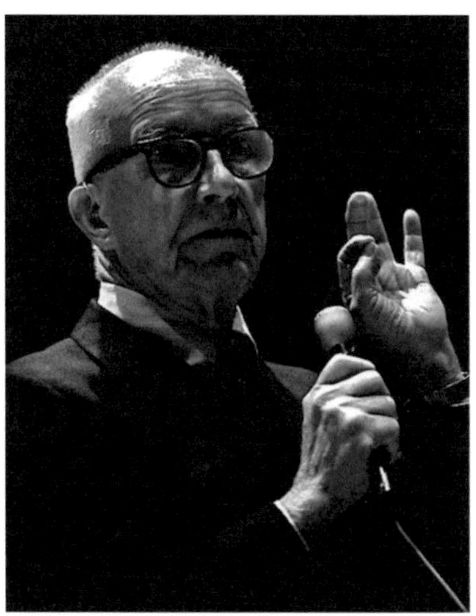

R. Buckminster Fuller
Quelle: wikimedia.org

Die isotrope Vectormatrix

Es ist nicht weit hergeholt, den Tetraeder, welcher ja die kleinste und stabilste geometrische Form darstellt, auch als kleinsten Baustein des Universums zu betrachten. Diesen Gedanken verfolgend, konstruierte Fuller die isotrope Vectormatrix, welche er als Bauplan des Vakuums bzw. der Struktur der Raumzeit bezeichnete. Die Isotrope Vectormatrix ist ein Tetraeder, bestehend aus zwanzig kleineren Tetraedern. Dieses Netzwerk aus Tetraedern ist unendlich ausdehnbar.

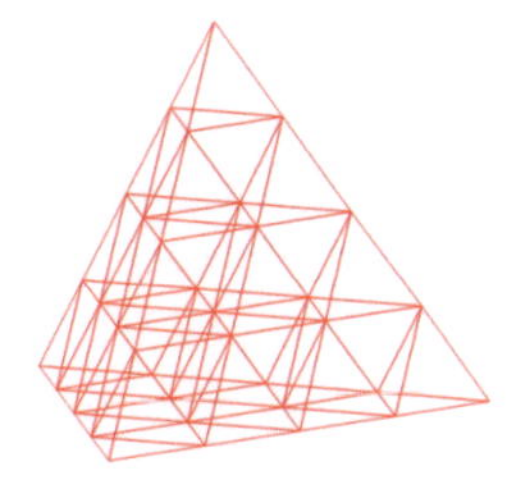

Der Physiker Nassim Haramein, welcher sich persönlich als ein „Fan Bucky's" bezeichnet, erweiterte Fullers Figur. Grundsätzlich den Ansatz von Fuller unterstützend, empfand er die Figur von Fuller als unvollständig, denn es fehlte das Gleichgewicht. Der Tetraeder hat nämlich nur schon zwei Mittelpunkte, da der geometrische Mittelpunkt nicht mit dem Schwerpunkt übereinstimmt.

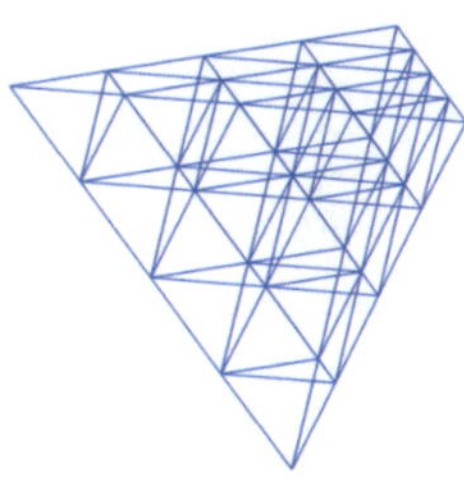

Es gibt auf Youtube ein schönes Video, in dem Nassim seine Gedankengänge mit einer wunderschönen 3DAnimation erklärt. Kurz zusammengefasst:

Nassim erkannte, dass die Leerflächen innerhalb des Tetraeders eine Pyramide von Oktaedern bilden, in deren Zentrum eine leere Fläche von einer umgekehrten, also auf dem Kopf stehenden Pyramide von drei Tetraedern war. Dem Prinzip von Yin und Yang folgend, polarisierte er daraufhin die Ausgangsfigur von Fuller und drehte sie um 120 Grad. Dann fügte er die beiden Figuren ineinander. Durch das perfekt polare zusammenführen der beiden isotropen Vectormatrizes entstand ein dreidimensionaler Davidstern mit einem zentralen Vectorequilibrium. Dabei passen die beiden Formen perfekt zusammen. Es wird keine Teilform (Tetraeder oder Oktaeder) verschnitten. Die Formen passen zusammen. wie für einander bestimmt.

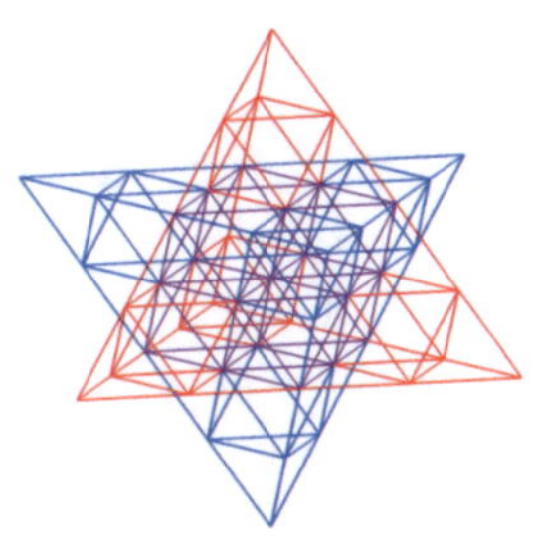

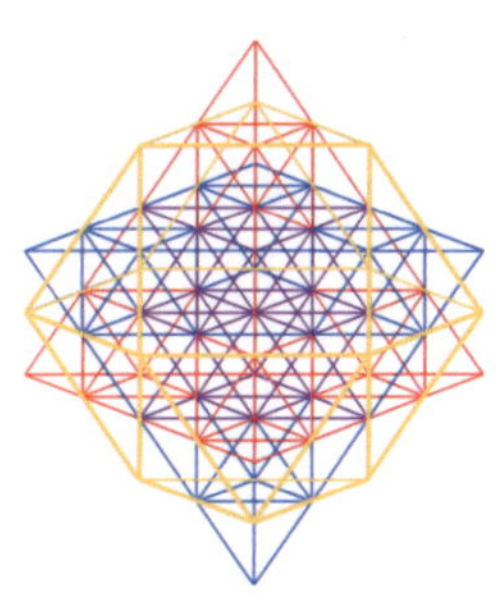

Aber auch bei dieser Form blieben außen bei den Spitzen immer noch „offenen Stellen" übrig, welche wiederum als Ungleichgewicht verstanden werden können. Also füllte Nassim die Leerräume mit jeweils zwölf positiven und zwölf negativen (total 24) Tetraedern auf. Es entstand ein 64er-Tetraeder.

Mit dieser Form wird ein vollständiges Gleichgewicht erreicht. Dieser 64er- Tetraeder beinhaltet ein großes Vector-equilibrium (hier grün) und ein kleines zentrales Vectorequilibrium (hier gelb). Der Durchmesser des kleinen VE's dem Radius des großen VE's entspricht. Die Form ist fraktal und lässt sich unendlich nach innen verkleinern bzw. nach außen vergrößern.

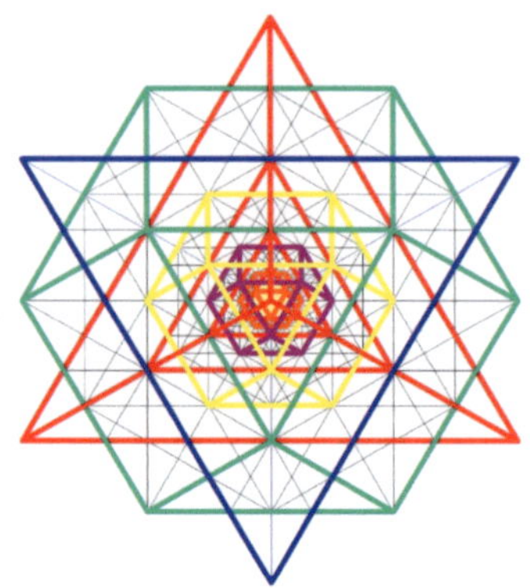

Gemäß Nassim Haramein entspricht diese Form dank ihrem absoluten Gleichgewicht nun wirklich dem Bauplan des Vakuums, also der Struktur der Raumzeit und somit den Bauplan des gesamten Universums. Ich kann mir gut vorstellen, dass Nassims Erkenntnisse in den nächsten Jahren die Welt der Physik auf den Kopf stellen werden. Er sagt, er werde in der Lage sein, mathematisch und somit wissenschaftlich zu beweisen, dass die vier universellen Grundkräfte (Gravitation, Elektromagnetismus, schwach und starke Wechselwirkung) alle eigentlich EINS sind.

Zurück zur isotropen Vectormatrix, denn hier wird es wiederum richtig spannend. Es gibt eine direkte Beziehung zwischen dem 64er-Tetraeder und der „Blume des Lebens". Setzt man an jede Ecke der Figur eine gleich große Kugel, baut man also die Figur aus 64 gleich großen Kugeln auf, so würde die eindimensionale Projektion des entstehenden Körpers die Figur der Blume des Lebens ergeben. Die Blume des Lebens ist also das eindimensionale Abbild der Struktur des Vakuums oder anders ausgedrückt der Struktur der Raumzeit aber auch des Grundbausteines aller Materie. Es handelt sich bei der Blume des Lebens anscheinend um die symbolische Aufzeichnung fundamentalen Wissens zum Aufbau des Quantenfeldes und der Materie, welches offensichtlich bereits in sehr alten Zivilisationen und Kulturen bekannt war.

Der Link zu Nassim Harameins Video:
https://youtu.be/BGGvwkrDZNA

Deswegen findet man die Blume des Lebens als Symbol überall auf der Welt; in den Pyramiden, in Kathedralen und sogar in Der ältesten bekannten archäologischen Fundstätte betreffend Zivilisation, in Göbekli Tepe.

Auch in China ist die Blume des Lebens als Symbol zu finden, und zwar in Peking in der verbotenen Stadt. Dort ist sie auf der Kugel unter den Pfoten der Wächterlöwen, die interessanterweise auch „die Wächter des Wissens" genannt werden. Aber nicht nur betreffend der Struktur des Vakuums hat die Blume des Lebens oder der 64er-Tetraeder seine Bedeutung.

Es bestehen weitere interessante Parallelen, zum Beispiel zur mystischen chinesischen Leere des I Ching, welche aus 64 Hexagrammen besteht. Nassim zufolge würde ein 64er-Tetraeder entstehen, würde man alle Stäbe des I Ching dreidimensional zusammenbauen. Das I Ching ist nicht die einzige Verbindung vom Vectorequilibrium zur Mystik.

Es gibt eine weitere Art, ein Vectorequilibrium zu konstruieren. Man nehme eine Kugel und versuche, um diese Kugel so viele Kugeln mit gleichem Volumen herumzubauen wie möglich. Man wird zwölf solche Kugeln lückenlos um die zentrale Kugel bauen können. Verbindet man die Zentren dieser Kugeln miteinander, so erhält man wiederum das Vectorequilibrium. In den Kreisen, in denen man sich intensiv mit der heiligen Geometrie beschäftigt, wird hier ein Zusammenhang mit der westlichen Mystik angenommen.

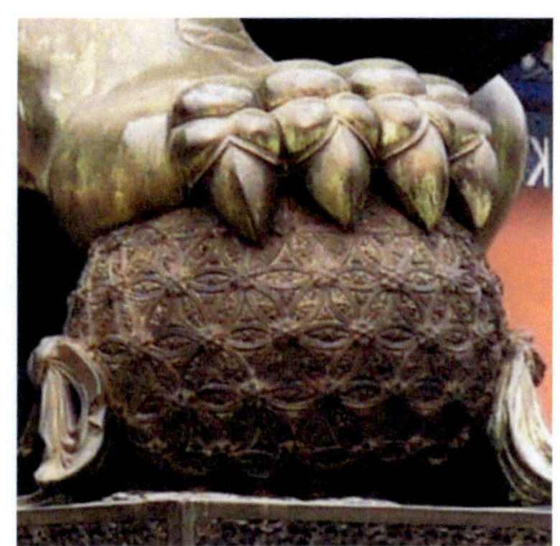

Die Blume des Lebens unter der Pfote des Wächterlöwens

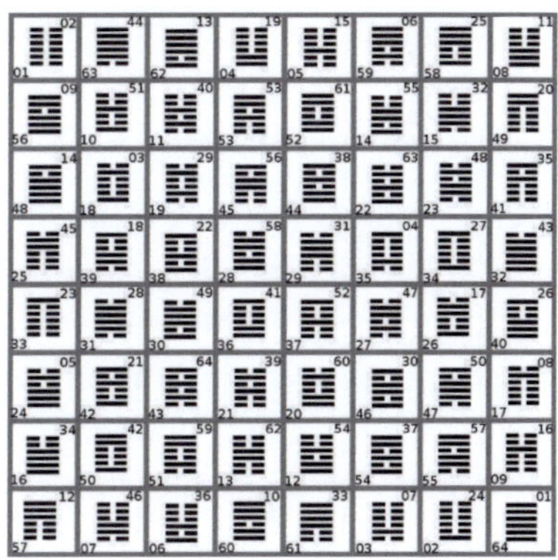

Die 64 Hexagramm des I Ching

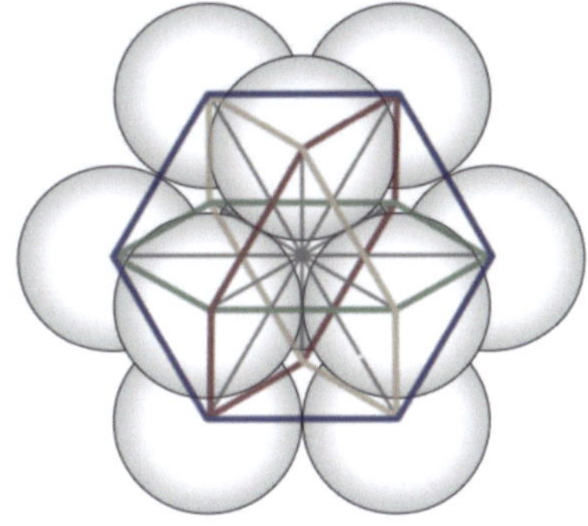

Um eine Kugel passen 12 gleiche Kugeln. Verbindet man die Zentren der Kugeln entsteht ein VE

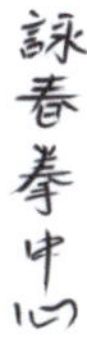

29

Jesus scharte zwölf Jünger um sich und wird in manchen Schriften auch als der dreizehnte Jünger bezeichnet.

Ein weiterer spannender Zusammenhang besteht zu unserer DNA. Für den Aufbau der menschlichen DNA stünden theoretisch 64 verschiedene Basen-Triplets zur Verfügung, wovon jedoch nicht alle bei unserer DNA zum Zug kommen.

Ich habe unzählige Stunden mit der Erforschung dieser Zusammenhänge verbracht. Diese ganzen Zusammenhänge zwischen Symbolismus, Geometrie, alten Kulturen, Pyramiden, Mathematik, Mystik usw. ist unglaublich spannend und umfassend. Man kann sich wohl Jahrzehnte damit beschäftigen, ohne dass es je langweilig werden würde. Wer weiter in diese Materie eintauchen will, findet unzählige Bücher darüber.

Zusammenfassung VE, Struktur des Vakuums

Der grundlegendste Aspekt des Vectorequilibriums ist, dass es sich dabei um eine Geometrie des absoluten Gleichgewichts handelt, bei der alle Fluktuationen aufhören. Konzeptionell handelt es sich um die Geometrie dessen, was wir als Nullpunkt oder einheitliches Feld – auch als „Vakuum" bezeichneten Raum nennen. Damit sich etwas im Universum sowohl physisch (Energie) als auch metaphysisch (Bewusstsein) manifestieren kann, ist eine Fluktuation im einheitlichen Feld erforderlich, deren Ergebnis sich als beobachtbare und messbare Quanten im Raumzeitfeld manifestiert. Vor dieser Fluktuation existiert alles im einheitlichen Feld als reines Potential. Dieses enthält nach der heutigen Theorie in der Physik eine unendliche Menge an Energie, philosophisch betrachtet ein unendliches kreatives Potential des Bewusstseins. Da es sich um eine Geometrie gleicher Vektoren und gleicher Winkel von sechzig Grad handelt, ist es möglich, dieses Gleichgewicht vom Mittelpunkt des Vectorequilibriums unendlich nach außen auszudehnen und so die sogenannte isotrope Vectormatrix (IVM) zu erzeugen. Isotrop bedeutet "egal", Vektor bedeutet "Energielinie" und Matrix bedeutet "ein Netzwerk von Energielinien". Es ist diese vollständige isotrope Vectormatrix, die als die auf allen Skalen unendlich vorhandene und im perfekten Gleichgewicht befindliche Geometrie des einheitlichen Nullpunktfeldes angesehen werden kann. Jeder Punkt in dieser Matrix ist ein potenzieller Mittelpunkt eines Vectorequilibriums, um den sich ein Zustand dynamischer Fluktuation manifestieren kann.

Der Torus

Die zweite wichtige Form im Zusammenhang mit dem Vectorequilibrium ist der Torus. Eigentlich ist der Torus nur eine dynamischere Form, das Vectorequilibrium darzustellen. Der Torus zeigt den Energiefluss aller Materie und des ganzen Universums. Der toroidale Energiefluss ist selbsterhaltend und somit die Basis aller Lebensenergie. Im Torus wird Energie in einer stabilen Struktur gehalten und kann gleichzeitig unendlich fließen.

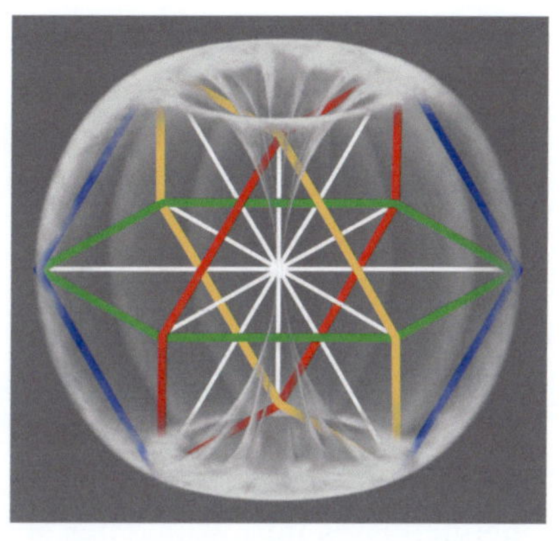

In der Natur ordnen sich jegliche Energiefelder – ob klein oder groß – nach diesem Prinzip an. Egal ob es sich um die Atom-Ebene, die Zellebene oder das Magnetfeld der Erde handelt. Wenn man Früchte wie Äpfel oder Orangen aufschneidet, wird man direkt an diese universelle Form des Energieflusses erinnert. Selbst die oortsche Wolken von Galaxien weisen die Torusform auf und folgen somit diesem universellen Energieprinzip. Aber nicht nur auf makroskopischer Ebene sieht man Torusfelder und Torusformen. Unsere Blutkörperchen haben ebenfalls die Form eines Torus. Wenn wir noch kleiner werden, sehen wir, dass auch das Atom eine toroidale Form und toroidalen Energiefluss aufweist. Es gilt auch hier: Wie oben, so unten.

Man könnte auch zum Thema Torusunendlich weit ausholen und abschweifen, bis zu den Kornkreisen, welche bei genauer Betrachtung bis heute nicht erklärbar sind und oft in dreidimensionaler Ansicht auf den Torus, das Vectorequilibrium oder die Blume des Lebens hinweisen. Ich lade jeden Leser ein, mehr darüber zu forschen. Es lohnt sich und trägt zum Verständnis dieses Textes bei. Wichtig hier ist zu erkennen und zu verstehen, dass der toroidale Energiefluss ein selbsterhaltendes System darstellt, was wiederum die Grundlage für Leben, wie wir es kennen, ist und dieses überhaupt erst möglich macht. Die Energie fließt im Torus unerschöpflich, im Optimalfall ohne Verlust und bleibt somit ohne Zuführung von externer Energie unendlich im Fluss.

Das Befassen mit dem Thema der Heiligen Geometrie hat in mir eine Vorliebe für Symbolik geschaffen. Deswegen möchte ich auf ein weiteres Symbol hinweisen, welches in Verbindung mit dem Torusfluss steht. Dieses Symbol und damit die Verbindung zum Torusflow spielt in den chinesischen Kampfkünsten eine wichtige Rolle. Das Symbol wurde jedoch meines Wissens bisher von den Kampfkunstmeistern nicht so interpretiert und erklärt.

TaiChi

Spannend aus der Sicht der chinesischen Kampfkünste ist der Zusammenhang zwischen dem Torus und dem TaiChi-Symbol (weitläufig bekannt unter dem Begriff YinYang).

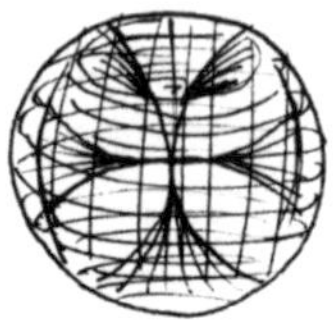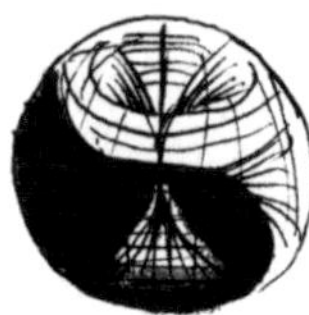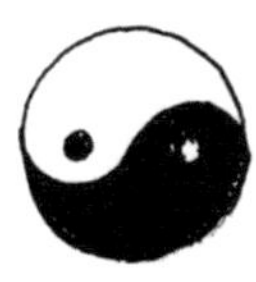

Das TaiChi-Symbol ist wie die Blume des Lebens eine eindimensionale Darstellung universellen Wissens. Es spiegelt auf eindimensionale Weise den selbsterhaltenden Energiefluss der Torusenergie, also des universellen Energieflusses im Zustand des absoluten Gleichgewichts wider. Über den Torus besteht auch ein direkter Zusammenhang zwischen dem TaiChi-Symbol und der Blume des Lebens und somit dem Vectorequilibrium und der Struktur des Vakuums.

Betrachtet man diese Symbole unter dem Aspekt des Gleichgewichts und des selbsterhaltenden Energieflusses, so bekommen das TaiChi Symbol und die Blume des Lebens sowohl für die Kampfkunst, aber auch für die Medizin eine ganz zentrale, symbolische Rolle. Bei beiden streben wir nach Gleichgewicht und Ökonomie, wobei der Torusflow deren Goldstandard des absoluten Gleichgewichts darstellt. Dazu später mehr im Kapitel Corestability.

Damit beende ich den kurzen Ausflug in die Heilige Geometrie. Ich habe hier nur diejenigen Themen angeschnitten, welche für das *WingTsun der Mitte* als theoretischer Hintergrund vonnöten sind. Das gesamte Gebiet der Heiligen Geometrie wird mich noch lange in meinem Leben weiter begleiten. Aus diesem Grund werde ich die Heilige Geometrie im Verlauf dieses Buches immer wieder zur Erklärung und Vertiefung meiner Gedanken heranziehen.

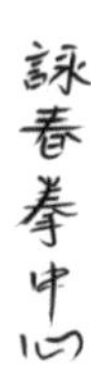

Gehen wir nun über zu einem der eigentlichen Grundthemen dieses Buches:

- Die Prinzipien des Bewegungsapparates – Aufbau und Biomechanik des menschlichen Körpers als Grundlagen für Bewegungsentwicklung.
- Biomechanische Grundlagen für ein *WingTsun der Mitte* und somit einer ganzheitlichen, potenziell gewaltlosen chinesischen Kampfkunst.

Denjenigen Lesern, welche sich mehr für Kampfkunst interessieren, rate ich, zunächst noch den nachfolgenden Teil über Biotensegrity zu lesen, da dieses grundlegende Prinzip sehr wichtig für das Verständnis der Biomechanik des menschlichen Körpers und dessen Bewegungspotential ist. Die anschließenden Themen (Seite 46-65) können übersprungen werden, wenn man sich nur für Kampfkunst interessiert. Ich rate jedoch jedem WingTsun-Lehrer und Ausbilder, diese anatomischen Grundlagen und sensomotorischen Prinzipien zu verinnerlichen, da dieses Wissen als Basis für das Unterrichten sehr, sehr hilfreich sein wird.

„Nur wer die Funktionsweise des Körpers versteht, ist in der Lage, Bewegung vollumfänglich zu lehren."

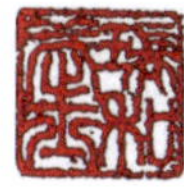

Die Prinzipien des Bewegungsapparates

Nahezu alle Anatomiebücher beschränken sich auf eine beschreibende Anatomie. Sie benennen Strukturen und beschreiben einzelne Muskeln und deren Funktion. Großmeister Dr. Kernspecht betonte schon immer, dass es im WingTsun nicht um Techniken geht, sondern um Prinzipien. Inspiriert durch diese Worte wandte ich meinen Blick auf die Anatomie und erkannte, dass eine beschreibende Anatomie für das echte Leben, also für den Alltag des Bewegungslehrers nicht viel bringt. Ich begann mich zu fragen, ob es auch im Bewegungsapparat übergeordnete Prinzipien gibt.

Basierend auf meinem physiologischen Wissen, meiner Erfahrung im Bereich der Neurorehabilitation und vor allem auch meiner persönlichen Bewegungserfahrung aus dem Bereich der Kampfkunst, habe ich 2008 angefangen, nachfolgende architektonische und funktionelle Prinzipien des Bewegungsapparates zu definieren.

Die Architektur, also die Form des Körpers, ist untrennbar mit dessen Funktion verbunden und beide stehen in Wechselwirkung. Auf makroskopischer Ebene folgt die Funktion der Form. Unser Gangbild sieht aus, wie es aussieht, weil wir zwei Beine haben. Hätten wir drei oder vier Beine wäre unsere äußere Form anders und damit veränderte sich auch die Funktion, also das Gehen. Auf mikroskopischer Ebene ist es genau umgekehrt. Dort gilt, dass die Form der Funktion folgt. Alle Bausteine des Körpers richten sich stets nach der Belastungsmaxime aus, wodurch sich die Form einer Struktur stets nach der Funktion ausrichtet. Form und Funktion sind in einer untrennbaren Wechselwirkung miteinander verbunden.

Die nachfolgenden Kapitel sind für alle Leser geschrieben und soll auch für Leser ohne medizinischen Hintergrund klar verständlich sein. Deswegen werde ich auf Fachsprache verzichten und versuchen, Analogien aus dem alltäglichen Leben heranzuziehen, um Dinge zu erklären.

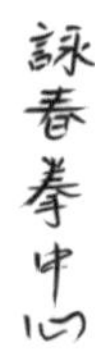

Das Grundproblem der Anatomie

Die heutige Bewegungswissenschaft und Medizin basieren auf einer veralteten Sichtweise des Bewegungsapparats. Diese ist geprägt vom mechanischen Denken, inspiriert durch die technischen Errungenschaften des siebzehnten Jahrhunderts. Die Anatomen dieser Zeit waren fasziniert von den Dampfmaschinen, Hebelgesetzen und allerlei Errungenschaften der Ingenieurskunst. Und so untersuchten sie auch den menschlichen Körper mit dieser Idee. Und hier beginnt die Selbsttäuschung.

Man kann es mit einem Holzstamm vergleichen, welcher ein Künstler als Rohling vor sich hat. Der Künstler kann daraus einen Mann, eine Frau, einen Vogel, oder was immer er darin sieht, schnitzen. Was darüber entscheidet, wie das Endprodukt aussieht, ist die Vorstellungskraft des jeweiligen Künstlers. Hat er seine Arbeit einmal getan, so wird jeder Betrachter sagen, genau diese Skulptur habe schon immer in diesem Stück Holz geschlummert. Doch in Wahrheit ist der Baumstamm einfach eine kontinuierliche Struktur, aus der der Künstler sein Kunstwerk heraus modelliert. Mit dem menschlichen Körper verhält es sich ähnlich.

Der menschliche Körper ist nicht in schön getrennten klar abzugrenzenden Schichten aufgebaut, wie es uns die Anatomiebücher vermitteln. Das Bindegewebe ist ein kontinuierliches dreidimensionales Netzwerk ohne klare Trennung, da alles miteinander verbunden ist. In diesem Sinne entscheiden die Idee und die Modellvorstellung des präparierenden Anatomen, wo eine Struktur anfängt und wo sie endet. Was er als unnützen Abfall ansieht, schneidet er genauso weg wie der Künstler beim Baumstamm. Und so wurde das Fasziengewebe im vergangenen Jahrtausend als unnützes Füllgewebe betrachtet und in der Lehre der Anatomie und Bewegungswissenschaften einfach negiert. Erst in den vergangenen zehn bis fünfzehn Jahren hat man angefangen, den Faszien überhaupt eine Funktion in der menschlichen Motorik zuzugestehen. Man musste erkennen, dass sie tatsächlich von zentraler Bedeutung für die Motorik sind.

Dennoch lernt jeder Medizinstudent die gleiche Anatomie mit den gleichen Paradigmen wie vor 200 Jahren. Trotz der neuen Erkenntnisse wurde das Curriculum an den Universitäten nicht verändert. Warum das so ist, ist schwierig zu erklären. Zum einen werden die alteingesessenen Koryphäen denken, dass dieses Wissen sie ja mehr oder weniger erfolgreich durch ihre berufliche Karriere gebracht hat und dass es somit auch für die künftige Generation nicht schadet. Andererseits ist es oft schwierig, seine Glaubensstruktur zu verändern, speziell wenn dieses Wissen oder eben dieser Glaube an einen Doktortitel geknüpft ist, über den man sich selbst definiert und an dem man gesellschaftlich gemessen wird.

„Wer erkannt hat, dass die Natur des Lebens die Veränderung ist, wird beim allgemein verbreiteten Streben nach Konstanz nicht mehr mitmachen können, weil er erkannnt hat, dass dieses Streben realitätsfremd ist.“

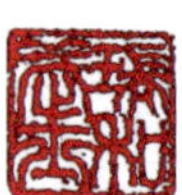

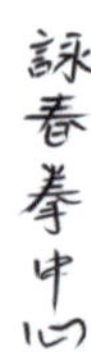

Tensegrity

Tensegrity ist ein Konstruktionsprinzip, welches seinen Namen von seinem Entdecker Buckminster Fuller erhielt. Er konstruierte den Begriff aus den Wörtern „Tensional Integrity".

Ein anderer Begriff zur Beschreibung dieses Konstruktionsprinzip ist „Floating Compression", benutzt vom Künstler Kenneth Snelson.

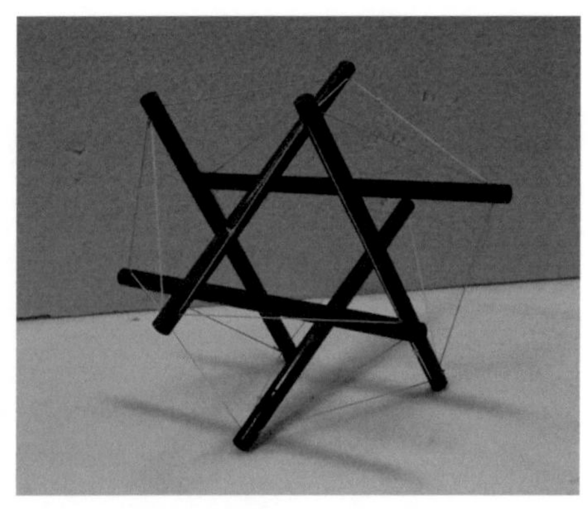

Eine Tensegrity-Struktur ist eine in sich formstabile Figur, welche nur durch Kompressionselemente (Stangen) und Spannungselemente (Seile) zusammengehalten wird. Eine Tensegrity-Struktur kann auf äußere Kräfte flexibel nachgeben (lässt sich komprimieren) und springt sofort wieder in die ursprüngliche Form zurück, sobald die verformende Kraft wegfällt. Dabei berühren sich die Kompressionselemente, also die Stangen, nie. Sie floaten scheinbar frei im Spannungsfeld der Zugkräfte. Diese Bauweise weist gegenüber klassischen Bauformen mit starren Wänden aus Steinen oder Holz einen ganz wichtigen Unterschied auf.

Alle klassischen Bauformen werden rein durch Kompressionskräfte zusammengehalten und müssen zur Aufrechterhaltung in der Umwelt stehend oder hängend verankert werden. Tensegrity-Strukturen stabilisieren sich dagegen durch ein inneres Gleichgewicht von Kompressions- und Zugkräften aus sich selbst heraus. Sie sind unabhängig von ihrer Stellung im Raum aus sich selbst heraus stabil, völlig unabhängig von der Umwelt. Diese Bauweise hat gegenüber der klassischen Bauweise einen entscheidenden Vorteil.

Das Gleichgewicht aus Kompressions- und Zugkräften ermöglicht der Struktur, sich bei Einwirkung von Kräften flexibel zu verformen, um anschließend wieder in die Ursprungsgestallt zurückzuspringen. Fährt man mit einem Auto in eine statische Holzwand, wird diese massiven Schaden nehmen oder gar einstürzen. Eine auf Tensegrity basierende Struktur würde sich dagegen durch die Kraft des Aufprall flexibel nachgebend verformen. Die Energie verweilt also nicht nur in der Region, die durch den Aufprall direkt getroffen wurde, sondern verteilt sich gleichmäßig im gesamten System. Dadurch wird die Aufprallenergie neutralisiert und die Struktur selbst nimmt keinen Schaden. Sobald die Energie durch Verteilung neutralisiert wurde, springt die Struktur in ihre Ursprungsgestallt zurück.

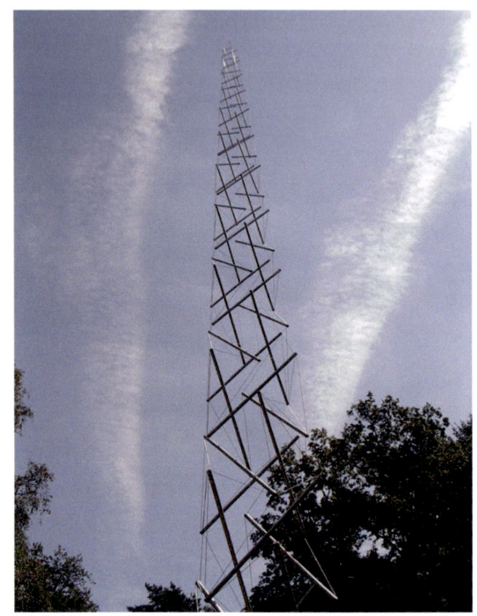

Needle Tower von Kenneth Snelson

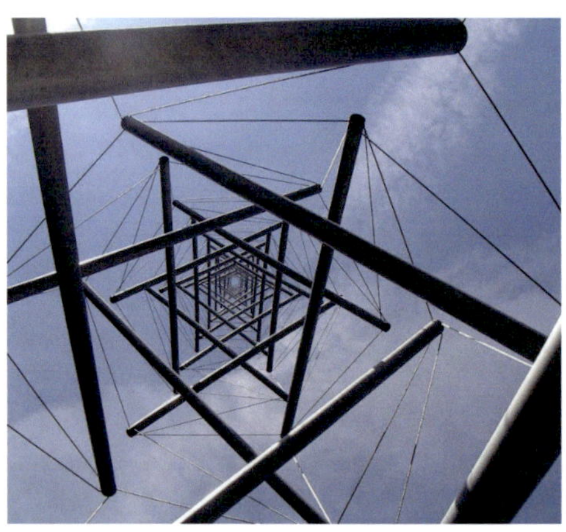

Needle Tower – Ansicht von unten

*Man beachte die Ausrichtung der Kompressions-
Elemente in der Form des Davidsterns.*

Biotensegrity

Der Begriff Biotensegrity ist durch Dr. Stephen Levin geprägt worden. Als praktizierender Orthopäde sind ihm immer wieder Ungereimtheiten zwischen der Natur und den medizinischen, auf Mechanik beruhenden Erklärungsmodellen aufgefallen. Als er eines Tages bei einem Spaziergang durch einen Park eine Tensegrity-Konstruktion sah, fiel es ihm wie Schuppen von den Augen.

Im Tensegrity-Prinzip erkannte er ein Erklärungsmodell für die Funktion des menschlichen Bewegungsapparates, welches die Ungereimtheiten der mechanischen Modelle beseitigt. Kurzentschlossen nannte er sein neues Forschungsfeld Biotensegrity und widmete sich fortan voll dem Beweis seiner Theorie.

Leider werden seine Forschungsergebnisse von der allgemeinen Medizin viel zu wenig gewürdigt und anerkannt. Man hält viel lieber am alten, gewohnten Weltbild fest, statt durch kritisches Hinterfragen eine Weiterentwicklung zu ermöglichen.

Stehen / Hängen / Floaten

Wie bereits im letzten Abschnitt kurz erwähnt, gibt es in der Natur grundsätzlich zwei Arten, wie eine Struktur, also ein Körper, bezüglich seiner Form und seiner Lokalisation stabil gehalten werden kann. Entweder der Körper steht wie eine Säule und ist im Boden verankert oder er hängt fest verankert von irgendwo herunter.

Ein Objekt bleibt also entweder dank Zugkräften oder dank Kompressionskräften in Form und Lokalisation stabil. Dies gilt für alle niederen Lebewesen wie Pflanzen, Schwämme und Korallen. Diese einfachen Lebewesen können so existieren, weil alles, was sie zum Überleben und zur Weiterentwicklung brauchen, zu ihnen hingetragen wird. Wasser, Sonne und Kohlendioxid kommen zur Pflanze, sodass sie die benötigte Lebensenergie nur noch via Photosynthese produzieren muss. Für komplexere Lebewesen ist das nicht so einfach. Sie müssen Nahrung beschaffen, müssen sich also fortbewegen können. Um sich fortbewegen zu können, muss das Lebewesen zuerst die Fähigkeit erwerben, seine Form aus sich selbst heraus und unabhängig von der Umwelt aufrechterhalten zu können. Jedes Tier muss von der Umwelt unabhängig endlich in sich geschlossen sein, unabhängig davon, ob es gerade auf

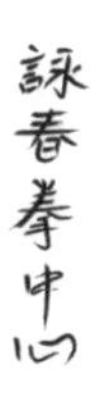

den Füssen oder dem Kopf steht, in der Luft fliegt oder im Wasser schwimmt. Wie wir soeben gesehen haben, bietet das Tensegrity- Prinzip genau diese Eigenschaften.

Das Tensegrity-Prinzip bietet die perfekten Voraussetzungen zum Aufbau eines lebenden Körpers. Und tatsächlich ist das Tensegrity-Prinzip in der Architektur des menschlichen Körpers zu erahnen bzw. auf zellularer Ebene sogar wissenschaftlich erwiesen.

Tensegrity auf zellularer Ebene

Lange Zeit hat man geglaubt, dass Zellen wie wackelpuddingartige Ballons im Wasser der Matrix (Bindegewebsnetzwerkes) schwimmen. Diese Ansicht wurde von Dr. Donald Ingber und seiner Fakultät am Kinderkrankenhaus in Boston gänzlich über den Haufen geworfen.

Dr. Ingber hat nachgewiesen, dass es ein sehr gut strukturiertes muskuloskelettales System innerhalb der Zelle gibt, das als Zytoskelett bezeichnet wird. Dieser Begriff ist etwas missverständlich, weil „Skelett" fixe starre Strukturen assoziiert. Tatsächlich gibt es in diesem Zytoskelett verkürzungsfähige Moleküle, welche kontrahieren können und so Kräfte vom Inneren der Zelle auf die Zellmembran und sogar durch diese hindurch weiter auf die Matrix (das Bindegewebe) übertragen können. Die Zellen schwimmen also nicht, wie angenommen, im toten Meer bestehend aus Wasser und Bindegewebe herum, sondern stehen mit diesem in aktiver wechselseitiger Beziehung.

Das Gewichtsproblem und Flexibilitätsproblem

Ein weiteres Argument, welches gegen die klassische mechanische Interpretation der Anatomie spricht, ist das Gewichts- und Hebelproblem. Nehmen wir eine Giraffe. Müsste die Giraffe ihren langen Hals mithilfe der Hebelgesetze halten, so wäre der schlanke Hals mit seinen dünnen Muskeln niemals fähig, den Kopf und den Hals den ganzen Tag zu halten, geschweige denn, so selektiv und vielseitig zu bewegen, wie es in vivo passiert. Außerdem müssten der Restkörper und die Knochen viel schwerer sein, um ein entsprechendes Gegengewicht zu gewährleisten. Auf Seiten der Technik kann man einen Bagger zum Vergleich herbeiziehen. Ein Bagger hat im Verhältnis zum Körper einen etwa gleich langen Hals (Hebelarm) wie die Giraffe. Um funktionstüchtig zu sein, ist dieser Hebelarm jedoch viel starrer und unbeweglicher und das Gegengewicht im Körper ist im Verhältnis immens höher. Die Skulptur Dragon von Kenneth Snelson zeigt sehr schön, was dank des Tensegrity-Prinzips betreffend Hebelarm und Gegengewicht möglich wird und wie gewichtseffizient solche Strukturen gebaut werden können.

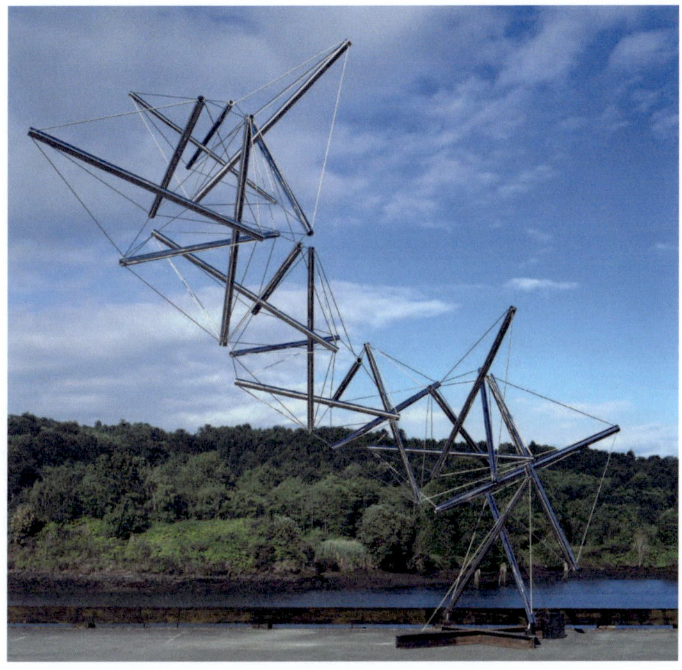

Dragon-Skulptur von Kenneth Snelson

Alles ist eins

In den Ausführungen zur Heiligen Geometrie haben wir gesehen, dass der Tetraeder als Grundbaustein des Vakuums und auch aller Materie von allen geometrischen Figuren am ehesten in Frage kommt, da er die kleinste geometrische Form überhaupt darstellt und ein sehr hohes Maß an Stabilität in sich birgt. Außerdem ist ein Netzwerk aus Tetraedern unendlich ausdehnbar und verkleinerbar.

Beide Eigenschaften eignen sich auch hervorragend für das Konstruieren einer Biotensegrity-Einheit und somit eines lebenden Organismus. Der Begründer der Biotensegrity, Dr. Stephan Levin, sieht im Ikosaeder das geometrische Grundmodell einer Zelle. Der Ikosaeder kann wiederum aus zwanzig Tetraedern konstruiert werden, was diese Hypothese stützt.

Mich persönlich stört bei dieser Hypothese, dass der Ikosaeder für sich nicht im absoluten Gleichgewicht ist. Die geometrische Struktur des absoluten Gleichgewichts mit dem absoluten Nullpunkt ist, wie wir gesehen haben, das Vectorequilibrium. Ich bin der Meinung, dass alles Leben dem Prinzip der Effizienz und Ökonomie folgend immer nach dem absoluten Gleichgewicht streben muss. Und tatsächlich lässt sich das Vectorequilibrium in dieses Gefilde mit dem Ikosaeder als geometrische Vorlage von Zellen integrieren.

Der Jitterbug nach Buckminster Fuller

Jitterbug ist ein US-amerikanischer Tanz, welcher im frühen zwanzigsten Jahrhundert populär war. Buckminster Fuller bezeichnete mit dem Jitterbug die Verformung, welche ein VE durchläuft, wenn man es so zusammenrückt, dass zwei gegenüberliegende Dreiecke nicht verdreht werden dürfen.

Aufgrund des herrschende Kräftegleichgewichts durchläuft das VE immer die gleichen Stadien, Figuren, die zu den platonischen Körpern gehören. Drückt man das VE zusammen, schrumpft es erst zum Ikosaeder und dann zum doppelmembranigen Oktaeder. Dabei nimmt die Konstruktion stets an Stabilität zu. Das Vectorequilibrium als Figur ist sehr labil und beweglich. Fuller sagte treffend:

„Absolutes Gleichgewicht ist in sich sehr stabil, aber betreffend Wirkungen, welche von außen dazu kommen, ist es eine sehr labile und fragile Sache.“

Das spiegelt sich auch in der Labilität und Weichheit der Figur wider. Der Ikosaeder hingegen ist ein in sich bereits sehr gefestigter und stabiler Körper. Der Ikosaeder wird deswegen sehr oft in der Architektur, genauer in Tensegrity-Systemen verwendet. Bleiben wir aber beim Jitterbug.

Man merkt diese Zunahme an Stabilität in der Verformung vom Vectorequilibrium zum Ikosaeder als zunehmende Zähheit der Bewegung, die einem mehr und mehr Kraft abfordert. Da das obere und das untere Dreieck sich nicht verändern können, findet die Verformung durch eine entweder rechts oder links gerichtete Rotation am Äquator statt. Die Energie speichert sich dabei als elastische Energie im System. Sobald man den Körper loslässt, springt er ins absolute Gleichgewicht des Vectorequilibriums zurück.

Drückt man den Ikosaeder jedoch weiter zusammen, so verformt sich der Körper auf gleiche Weise, also durch Verdrehung auf Äquatorhöhe weiter. Die Pole schrumpfen weiter in Richtung des Zentrums, wobei die Figur weiterhin immer zäher wird und die Verformung immer mehr Kraft erfordert, bis letztlich die Form eines doppelmembranigen Oktaeder entsteht. In dieser Position ist die maximale Stabilität erreicht. Das System hat die maximal mögliche Energie in sich aufgenommen. Lässt die äußere Kraft nach, so wächst der Oktaeder in gleicher Weise wieder über den Ikosaeder zum Vectorequilibrium an.

Dabei spielt es keine Rolle, ob man den Körper langsam kontinuierlich oder schnell loslässt. Der Oktaeder entdreht sich mit derselben Gleichmäßigkeit über einen Ikosaeder zurück, gibt die gespeicherte Energie frei, bis er mit dem Vectorequilibrium wieder ins absolute Gleichgewicht kommt.

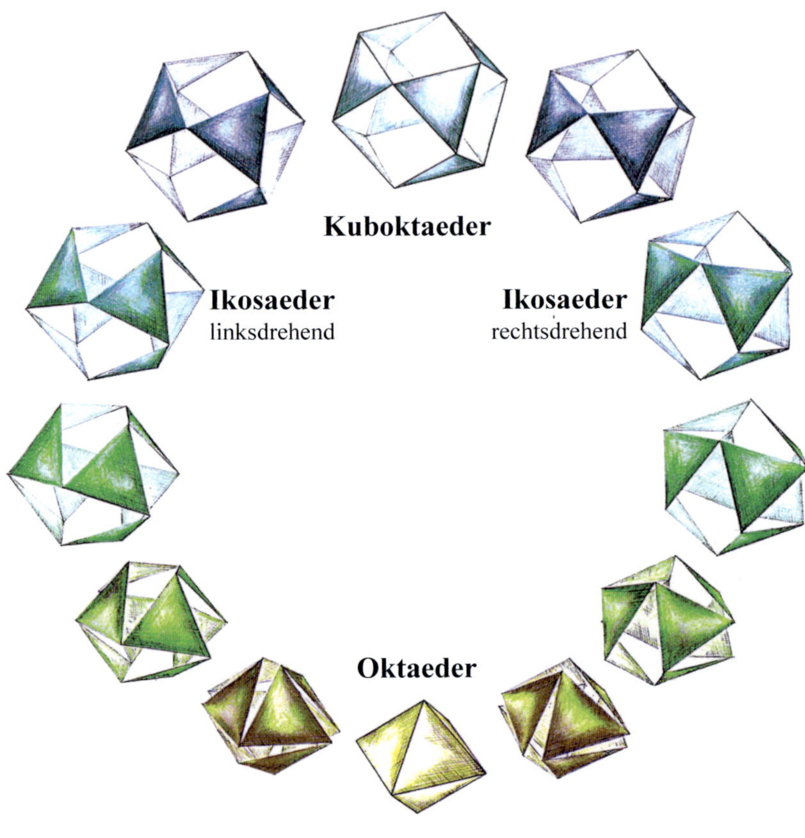

Handzeichnung vom Jitterbug

Mit freundlicher Genehmigung von Ueli Wittorf
Geometricdesign.ch

Das Vectorequilibrium als geometrischer Grundbaustein für Gewebe

Meine Hypothese stellt das Vectorequilibrium als geometrisches Grundmodell der Zelle, aber auch der Matrix, also des Zwischenzellraumes in einem Organismus ins Zentrum.

Dabei stellt das Vectorequilibrium den Idealzustand des absoluten Gleichgewichts dar, in dem die Zelle oder ganz allgemein das Gewebe in Ruhe ist, und somit ins Stadium der Regeneration eintaucht. Dem holistischen Ansatz folgend, wende ich auch hier das Prinzip „wie oben, so unten" an.

Im Makroskopischen ist allgemein bekannt, dass der Körper sich in Ruhe, z.B. in der Tiefschlafphase am effizientesten erholt. Also müsste auch auf Zellebene die Regeneration im Zustand des absoluten Gleichgewichts erfolgen. Dies hätte bzw. hat direkten Einfluss auf mein therapeutisches Arbeiten.

In dem Sinne würde sich jede Zelle, dem oben beschriebenen Jitterbug folgend, von direkt oder indirekt einwirkenden Kräften in ständig tanzender Bewegung in irgendeinem Zustand zwischen Oktaeder und Vectorequilibrium bewegen, wobei sie jede Nachbarzelle und somit das Gesamtsystem beeinflusst bzw. von ihnen beeinflusst wird.

Aber nicht nur die Zellen, sondern auch der Zwischenzellraum mit dem Bindegewebe, bestehend aus Fasern, Eiweißen und Gefäßen, folgten dann idealerweise dieser grundlegenden Strukturierung. Ich komme in der Zusammenfassung zum Thema Gewebstypen nochmals genauer auf diese Zusammenhänge zurück.

Jetzt schauen wir uns zunächst das erste Prinzip des Bewegungsapparates an und untersuchen dessen grundlegendes Aufbauprinzip genauer. Auch hier gilt:

Alles ist gleich – Alles ist eins
Von der Architektur des Bindegewebes

Der gesamte Bewegungsapparat besteht aus Bindegewebe. Die verschiedenen Bindegewebssorten (Knochen, Knorpel, Muskeln, Sehnen usw.) haben eines gemeinsam: Sie sind nach dem gleichen Prinzip aus den gleichen Grundbausteinen aufgebaut.

Es ist wie beim Kuchenbacken. Man nimmt Milch, Eier, Mehl und Zucker als Grundzutaten und gibt nach Belieben Nüsse, Schokolade, Früchte usw. hinzu. So entstehen mannigfaltige Kuchen, die sich in Geschmack, Form und Konsistenz unterscheiden. So unterschiedlich die einzelnen Kuchen auch sind, die Grundbestandteile sind überall Milch, Eier, Mehl und Zucker. Ähnlich verhält es sich mit den verschiedenen Geweben des Bewegungsapparates.

Alle Strukturen des Bewegungsapparates sind nach demselben Prinzip und aus denselben Materialien aufgebaut. Sie unterscheiden sich, wie die Kuchen, lediglich in den Mengenverhältnissen der Bausteine und der übrigen individuellen Zutaten.

Grundbausteine des Bindegewebes

Jedes Bindegewebe besteht aus drei Grundbausteinen (Trias des Lebens):
1. Zellen
   - Gewebebildende Zellen
   - Fett- und Immunzellen
2. Dreidimensionales Fasernetzwerk
3. Blutgefäße (Kapillaren)

Die gewebebildenden Zellen

Im Bindegewebe nehmen die gewebebildenden Zellen die Rolle der Bäcker ein. Jeder von ihnen hat sein Spezialrezept für seinen einzigartigen Kuchen.

Jeder mixt die gleichen Grundzutaten für den Teig zusammen. Im Falle unseres Bindegewebes sind diese Zutaten die Bestandteile der sogenannten Matrix, dem faserigen Netzwerk aus Bindegewebe, welches unseren gesamten Bewegungsapparat dreidimensional durchzieht und diesen aufbaut.

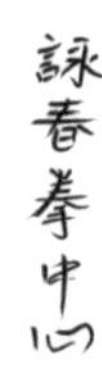

Diese Grundbausteine sind:

- Elastische Fasern
- Kollagene Fasern
- Wasserbindende Grundsubstanz

Man unterscheidet drei Sorten von Bindegewebszellen mit drei unterschiedlichen Grundrezepten:

- Osteoblasten   = knochenbildend
- Chondroblasten = Knorpelbildend
- Fibroblasten   = Netzwerkbildend (Sehnen, Bänder, Gelenkkapsel, Faszien)

Wenn wir das Kuchenbeispiel zu Ende denken, ist der Körper ein riesiges Netzwerk von Backstuben, wo Knochenbäcker, Knorpelbäcker und Netzwerkbäcker ihre Kuchen backen und diese in einem speziell ihnen zugeteilten Raum um die Backstube verteilen.

Jede Backstube ist dafür verantwortlich, dass in dem ihr zugeteilten Bereich immer genügend frische Kuchen vorhanden sind, damit das ihm zugeteilte Körperareal erhalten bleibt. Die letzten Bestandteile des Bindegewebes, die Blutgefäße, bilden die Lieferwege, über welche die Backstuben mit Rohstoffen versorgt werden.

Die Matrix

Alle nichtzellulären Bestandteile des Gewebes und somit des Bewegungsapparates werden als Matrix bezeichnet. Um nochmals zum Kuchenbeispiel zurückzukommen, kann man sagen: Die Matrix besteht aus den Kuchen, welche analog zu den Ziegelsteinen beim Hausbau, die Grundbausteine für das Mauerwerk bilden. In Realität ist die Matrix ein dreidimensionales spinnennetzartiges Netzwerk, welches dem Körper die Form gibt und diesen zusammenhält.

Kollagene Fasern

Kollagene Fasern bestehen aus Eiweißmolekülen. Sie sind ein sehr wichtiger Bestandteil des Bewegungsapparates und kommen in allen Bindegewebssorten, also im gesamten Bewegungsapparat in unterschiedlich hoher Konzentration vor. Kollagen verleiht dem Gewebe Stabilität und Struktur. Kollagene Fasern können enorme Zugkräfte absorbieren, wie es in Bändern, Kapseln, Sehnen, und dem gesamten Fasziengewebe notwendig ist. Die Zugbelastbarkeit ist vergleichbar mit der von Stahlseilen, die bei Kränen verwendet werden.

Aufbau

Die kollagenen Fasern bestehen aus mehreren, wellenförmigen Kollagenfibrillen, die in Gruppen in sich verschraubt sind. Die Wellenform lässt eine Längendehnung von circa fünf Prozent zu und schützt die Faser dadurch vor Schädigung bei abrupten Zugbelastungen. Die Kollagenfibrillen werden wiederum von mehreren wellenförmigen, in sich verschraubten Kollagenmikrofibrillen gebildet. Wichtig ist die Verschraubung und die runde Form, welche – wie wir später noch sehen werden – überall im Bewegungsapparat eine zentrale Rolle spielt und dadurch ein eigenstehendes Prinzip darstellt.

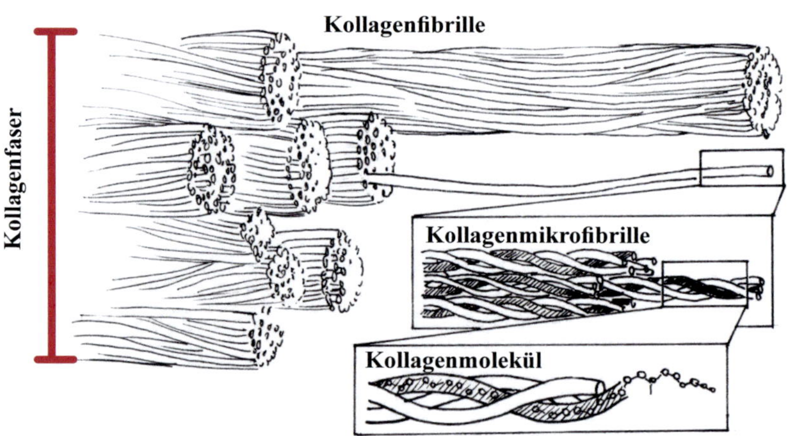

Hier ist schön zu sehen, wie Gewebe in Fraktalen aufgebaut sind. Der kleinste Baustein entspricht einer Minikopie des Ganzen. Dies gilt nicht nur für die Kollagenfasern sondern für alle Gewebstypen im Körper.

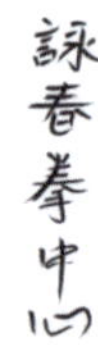

Ausrichtung der Fasern im Gewebe

Die kollagenen Fasern richten sich immer nach der Belastungsmaxime aus. Erfolgt die Belastung immer in gleicher Richtung, so ordnen sie sich parallel zueinanderan wie z.B. bei Sehnen und Bändern. Wirkt die Belastung jedoch immer aus verschiedenen Richtungen, so ordnen sie sich zu einem maschenartigen Netzwerk an, ähnlich wie bei einem Damenstrumpf. Diese Anordnung kommt in Gelenkkapseln oder Faszien vor.

Elastische Fasern

Auch elastische Fasern kommen in allen Strukturen des Bewegungsapparates und somit in allen Gewebssorten (Knochen, Sehnen, usw.) in unterschiedlicher Konzentration vor. Vor allem in Gefäßen ist ihr Anteil mit circa fünfzig Prozent des Gesamtgewebes hoch.

Auch der Knorpel der Ohren und der Nasen beinhaltet einen sehr großen Anteil an elastischen Fasern. Im Bewegungsapparat liegt der Anteil an elastischen Fasern bei etwa zwei bis fünf Prozent. Elastische Fasern lassen eine Dehnung auf bis zu 150 Prozent ihrer Ursprungslänge zu.

Funktion

Elastische Fasern geben dem Gewebe ihrem Namen nach Elastizität und Flexibilität. In Sehnen, Bändern und Faszien übernehmen sie zusätzlich eine Schutzfunktion.

Bei Zugbelastungen werden erst die elastischen Fasern gedehnt. Erst wenn die elastischen Fasern ihre maximale Länge erreicht haben, wird die Kraft auf die kollagenen Fasern übertragen, welche sich dank ihrer Wellenform um fünf Prozent verlängern können.

Die elastischen Fasern nehmen die Zugkräfte also zum Schutz der kollagenen Fasern bremsend auf. Die elastische Energie, die sich bei der Verlängerung in der elastischen Faser speichert, sorgt nicht nur dafür, dass sich die Fasern wieder zur Ursprungslänge verkürzen, sondern sie verkürzen zudem die kollagenen Fasern wieder und stellen so deren Wellenform wieder her.

Grundsubstanz / Wasser

Die Grundsubstanz bindet Wasser und gibt den Geweben so ihr Volumen. Man kann sich die Grundsubstanz wie ein Geliermittel vorstellen. Je mehr Geliermittel wir in eine Flüssigkeit geben, desto dickflüssiger wird sie, bis sie dann über einen puddingartigen Zustand immer fester wird.

Mit sechzig Prozent des Gesamtgewichtes ist Wasser mit Abstand der wichtigste Baustoff unseres Körpers. Den größten Anteil davon – ungefähr siebzig Prozent – findet man intrazellulär, also innerhalb der Zellen.

Ein Mensch mit einem Körpergewicht von sechzig Kilogramm trägt etwa 36 Liter Wasser in sich. Davon sind 25 Liter in den Zellen und elf Liter zwischen den Zellen oder in den Blutgefäßen.

Funktion

Wasser erfüllt im Körper eine Vielzahl von Funktionen:

- Transport und Lösungsmittel (Nahrung)
- Wärmepuffer (transportiert Wärme ab, welche durch Stoffwechsel in der Zelle entsteht, um deren Temperatur konstant zu halten)
- Informationsübermittlung – sowohl mechanisch (Druck, Zug) wie auch chemisch (Hormone, welche über die Blutbahn zu den Zellen gelangen
- mechanische Funktion (Puffer, Schutz usw.)

Zusammenfassung

Ob Knochen, Knorpel, Sehnen, Bänder oder Faszien – alle Strukturen des Bewegungsapparates bestehen aus den gleichen Grundbausteinen, dem gleichen Grundrezept. Alle Strukturen werden von den gewebebildenden Zellen aufgebaut – den Bäckern.

Die Strukturen unterscheiden sich lediglich im Mengenverhältnis der Grundzutaten und den speziellen Zusätzen. Der Knochenbäcker gibt zu den Grundzutaten zusätzlich Kalzium hinzu, um den Knochen zu härten und stabil zu machen. Der Sehnenbäcker benutzt viele kollagene Fasern und dafür weniger elastische Fasern und Wasser, um die Sehne möglichst zugfest zu machen. Da alle Strukturen des Bewegungsapparates aus den gleichen Grundbausteinen bestehen, folgen sie auch betreffend ihre Ernährung und Degeneration den gleichen Prinzipien.

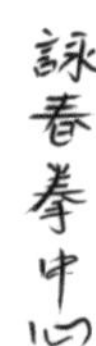

Ernährung des Bindegewebes

Die Durchblutung und die Anbindung an das Nervensystem ist normalerweise sehr gut. Die einzige Ausnahme ist der Gelenkknorpel, welcher nach heutigem Kenntnisstand nicht durchblutet und innerviert ist.

In einigen Geweben wie Bandscheiben, Disken, Menisken und den Einwachsstellen von Bändern und Sehnen am Knochen, gibt es Bereiche, die durchblutet und innerviert sind und solche, die es nicht sind. Damit der Sauerstoff und die Nährstoffe aus den Blutbahnen zu den Zellen und deren Abfallprodukte wieder zurück in die Venen und Lymphgefäße kommen, müssen sie durch die Matrix hindurch befördert werden.

Dieser Transport ist von verschieden Komponenten abhängig, welche wir nicht genauer analysieren. Es handelt sich um chemische Prozesse (Diffusion und Osmose) die dafür sorgen, dass die Bausteine den Weg von den Blutgefäßen zu den Zellen und wieder zurück überbrücken können.

Natürliche Be-und Entlastung

Einer der wichtigsten Faktoren für den Erhalt des Bindegewebes ist neben einer guten und ausreichenden Versorgung mit Nährstoffen die physiologische Be- und Entlastung der Gewebe durch natürliche Belastungs- und Bewegungsreize.

Natürliche oder auch physiologische Belastung bildet den Hauptreiz für die primären Bindegewebszellen, die Matrixbausteine zu produzieren und somit die Strukturen des Bewegungsapparates zu erhalten. Dieser Zusammenhang lässt sich wiederum gut anhand des Backstubenbeispiels verstehen.

Fehlt es einem Bäcker an Kundschaft, so ist er nicht sonderlich motiviert, Produkte herzustellen und zum Verkauf anzubieten. Auf ähnliche Weise bestimmt im Körper die Nachfrage (Bewegungsreize), ob die primären Bindegewebszellen aktiviert werden, um Matrixbausteine zu produzieren und somit die jeweilige Struktur instand zu halten oder nicht.

WICHTIG: Unser Bindegewebe befindet sich wie alle Strukturen des Bewegungsapparates in einem stetigen Erneuerungsprozess, wobei Abnutzung und Neubau immer im Gleichgewicht sein müssen.

Entsteht ein Mangel an natürlichen Bewegungsreizen, so kommt es zu vermehrtem Abbau und somit zwangsläufig zu einer Degeneration des Bindegewebes und damit des gesamten Bewegungsapparates.

Grund dafür ist, dass physiologische Belastung der Hauptreiz für die Bindegewebszellen ist, um kollagene Fasern, elastische Fasern und Grundsubstanz zu produzieren.

Zuviel unnatürliche, einseitige oder falsche Belastung führt ebenfalls zur Degeneration des Gewebes, weil mehr verschleißt wird, als nachproduziert und wiederaufgebaut werden kann. In unserer modernen Gesellschaft ist jedoch der Mangel an Bewegung das größere Problem und bildet wahrscheinlich auch die Hauptursache für altersbedingte Degenerationen des Bewegungsapparates. Wie man im Englischen so schön sagt: „Use it or lose it.“

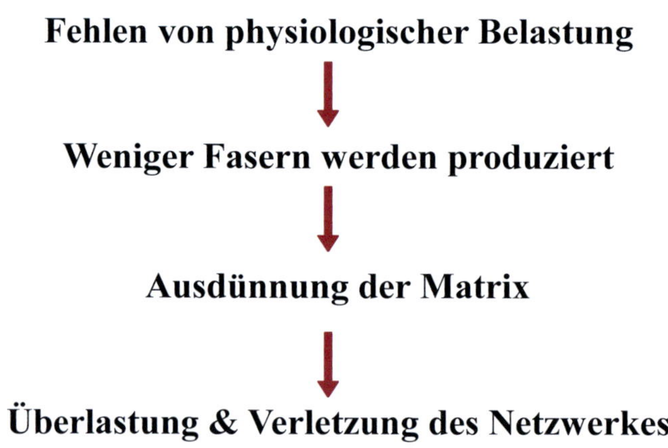

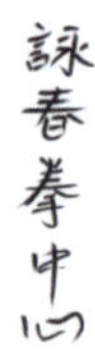

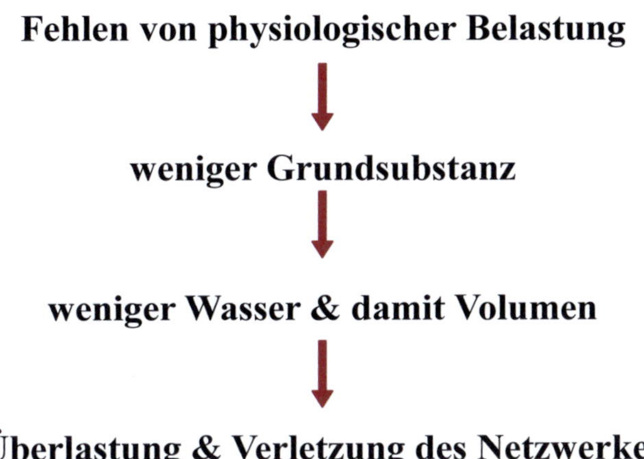

Abschließend zum Gewebeaufbau – Zusammenfassung

Um die Tragweite der eben beschriebenen Inhalte zu verstehen, ist wiederum ein Paradigmenwechsel notwendig. Bis zu einem gewissen Grad ist es für das Verständnis des Organismus sinnvoll, den Bewegungsapparat in verschiedene Strukturen (Knochen, Sehnen und Muskeln einzuteilen).

Das Problem bei dieser Betrachtung liegt nicht bei der Differenzierung der Gewebe an sich, sondern in ihrer mechanisch dominierten, also auf Hebelgesetzen basierenden, funktionellen Betrachtungsweise. Diese mechanische Betrachtungsweise bringt Dinge wie Reibung zwischen den Geweben und somit gegenseitige Abnutzung ins Spiel und dort liegt, meines Erachtens, das Problem.

Betrachten wir den Körper als das, was er ist, nämlich eine durchgehende, ununterbrochene Struktur, so kann keine Reibung mehr entstehen, sondern nur noch Formveränderung.

Ein vielschichtiger Wackelpudding

Ich betrachte den Körper als vielschichtigen Wackelpudding. In diesem Wackelpudding gibt es verschiedene Kompartimente, die verschiedene Elastizitäten aufweisen. Er ist sogenannt viskoelastisch.

Die festesten Kompartimente sind dabei die Zähne, dann Knochen und die flüssigsten sind der Speichel und das Blut. Abhängig von der jeweiligen Funktion und somit der Anforderung, welche das Gesamtsystem betreffend Flexibilität oder Stabilität an eine Struktur stellt, nimmt deren „Wackelpudding" unterschiedliche Konsistenz, also Festigkeit ein.

Unser mechanisches Bild von Säulen und Hebeln gibt uns eine völlig falsche Vorstellung von Knochen, im Sinne von steinharten Säulen. In Wirklichkeit ist ein gesunder Knochen auch elastisch und lässt sich bis zu einem gewissen Maße biegen.

Die verschiedenen Kompartimente werden innerhalb des Körpers mit einer hauchdünnen Schicht von Spucke zusammengehalten und letztendlich mit der Haut von der Umwelt abgetrennt.

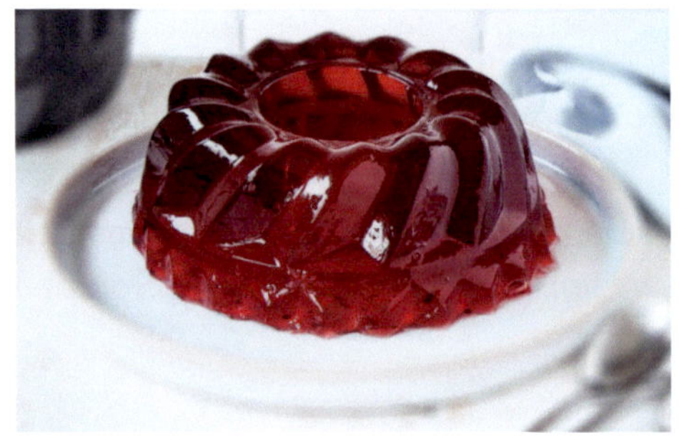

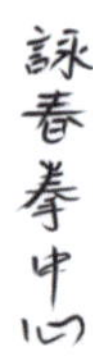

In diese Vorstellung passt auch das Vectorequilibrium wieder hinein. Man kann das Vectorequilibrium aus Tetraedern (acht an der Zahl) und aus Pyramiden (sechs an der Zahl) aufbauen. Das ergibt vierzehn verschiedene Kompartimente pro Baustein, welche unterschiedlichste Konsistenzen viskoelastischer Natur aufweisen können.

Das ergibt ein unglaublich großes Spektrum an Gewebequalitäten und somit potenzieller Flexibilität bzw. Stabilität schon auf der Ebene des kleinsten Bausteins.

Dies wiederum ermöglicht nahezu unendlich viele Qualitäten für verschiedenste Gewebe, welche aus diesen Bausteinen bestehen. Letztlich ermöglicht diese unendliche Bandbreite, dass schon von Der Gewebequalität her eine völlig einzigartige Gewebestruktur und Gewebequalität für jedes einzelne Lebewesen, ermöglicht wird.

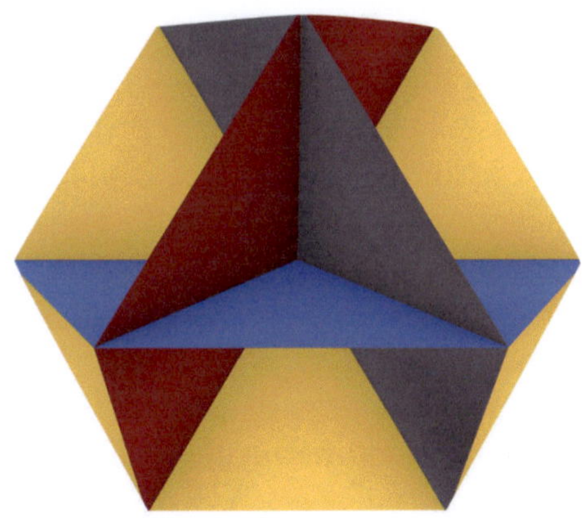

Schematische Darstellung des VE's
mit vierzehn Kompartimenten

Hinterfragen anatomischer und sportmedizinischer Paradigmen

1. Knorpel als Stoßdämpfer

Die Aufgabe eines Gelenkknorpels wird gemeinhin als Stoßdämpferfunktion bezeichnet. Wer einmal mit Gelenkknorpel in Berührung gekommen ist, müsste das eigentlich sofort in Frage stellen.

Der hyaline Gelenkknorpel hat eine Konsistenz, die vergleichbar ist mit derjenigen des Eiweißes eines durchgekochten Frühstückseis. Wenn man nun zwei solche Eiweiße kontinuierlich aufeinanderschlägt, wird man feststellen, dass die Eiweißhülle schnell kaputt geht. Man braucht nicht einmal viel Kraft aufzuwenden.

Gegen das Frühstücksei-Beispiel wird oft eingeworfen, dass es in einem Gelenk ja auch noch Gelenkflüssigkeit gibt, vergleichbar mit dem Öl in einem Stoßdämpfer. Doch im Gegensatz zum Stoßdämpfer ist in einem gesunden Gelenk nur so viel Gelenkflüssigkeit vorhanden, dass es einen Film auf den Gelenkflächen gibt. Es ist etwa vergleichbar mit der Menge von Speichel, die man auf der Hand hat, nachdem man sich die Handfläche abgeleckt hat.

Endgültig zu Fall kommt die Idee vom Knorpel als Stoßdämpfer, wenn man bedenkt, dass beim Abwärtsrennen bis zu sechsfachem Körpergewicht in einem Kniegelenk wirkt. Müsste hyaliner Knorpel eine Stoßdämpferfunktion erfüllen, so würde unser Bewegungsapparat nicht einmal die Kindheit überdauern.

Wenn man erstmal darüber nachdenkt, kann man nur zu einem einzigen logischen Schluss kommen: Die Kompressionskräfte im Körper können nicht über die Gelenkflächen von Knochen zu Knochen weitergeleitet werden. Diese Art von Kraftübertragung gibt es nur in der vom Menschen geschaffenen Mechanik. Bei Lebewesen würde eine solche Konstruktion nicht für ein ganzes Leben halten, da sie höchst ineffizient ist.

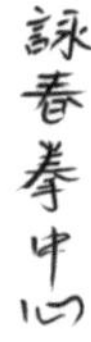

Wie werden dann die Kompressionskräfte übertragen?

Die Lösung findet man im Tensegritymodell. Im Lebewesen sind die Stäbe des Modelles die Knochen. Durch die Zugspannung der Seile schweben die Stäbe im Raum. Drückt man das Tensegritymodell zusammen, so wird die Kompression über die Seile abgeleitet.

Die Stäbe berühren sich nie, außer man drückt es vollends zusammen. Daraus lässt sich schließen, dass die Kompressionskräfte über das Fasziennetzwerk in und um die Muskeln und über die Gelenkkapsel, welche selbst ein Teil des Fasziennetzwerkes ist, abgeleitet werden. Zusätzlich könnte Elektromagnetismus im Spiel sein.

Ich habe mal gelesen, dass beide Gelenkflächen dieselbe Ladung aufweisen und sich somit auf natürliche Weise abstoßen. Ich halte diese Anschauung für sehr plausibel, da wir elektrische Potentiale auch in anderen Bereichen des Körpers beobachten können, zum Beispiel im Nervensystem.

Bei meiner täglichen Arbeit mit Patienten arbeite ich bei der Körpertherapie oft mit dem Wechsel zwischen Kompression und Traktion. Dabei ist ganz klar zu spüren, dass die Kompression nicht über die Knochen, sondern durch das Fasziensystem weitergeleitet wird. Dies bestätigen mir auch die Patienten, wenn ich sie frage, entlang welcher Strukturen mein Druck durch den Körper geht. Die Antwort ist dann praktisch immer „überall".

2. Arthrose

Somit ist die Hypothese berechtigt, dass eine Arthrose nicht primär eine mechanische Ursache hat. Mögliche andere Hypothesen zur Entstehung von Arthrose wären dann:

- Reaktion im Sinne von struktureller Anpassung auf einseitige Belastung und dann sekundär mechanisch
- Traumatisch und dann sekundär mechanisch
- Milieuveränderung (Übersäuerung, Mangelerscheinung usw.)
- zunehmende entzündliche Prozesse

Die Arthrose wird meist erst bildgebend diagnostiziert, nachdem die Betroffenen längere Zeit über Schmerzen klagen, was als Entzündung interpretiert werden könnte.

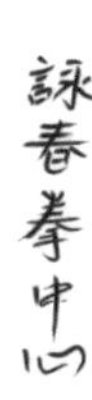

3. Der Mythos der Reibung

Zuviel Reibung aufgrund muskulären Ungleichgewichts wird allgemein als Ursache von Sehnenproblemen angesehen, speziell bei exponierten Sehnen wie der Achillessehne.

Die Frage, die sich hier stellt, ist: Kann es im menschlichen Körper überhaupt mechanische Reibung geben? Kann es in einer kontinuierlichen Struktur, wo alles miteinander verbunden ist, Reibung geben?

Vor einigen Monaten habe ich versucht, durch Feuerbohren ein Feuer zu machen. Als ich den hölzernen Bohrer mit Hilfe des Bogens auf dem zweiten Holz mit moderatem Druck drehen ließ, entstand schon nach zehn Sekunden so viel Wärme, dass Rauch entstand. Mir ist bewusst, dass Holz nicht direkt mit Bindegewebe vergleichbar ist.

Nehmen wir nun aber eine Person, die einen „Ironman" bestreitet. Sowohl beim Radfahren als auch beim Rennen würde durch die Reibung, welcher die Achillessehne ausgesetzt ist, eine immense Hitze entstehen. Es gibt Wissenschaftler, die behaupten, dass ein Mensch, sollte wirklich Reibung im Gewebe vorhanden sein, bei so einer Tätigkeit in Flammen aufgehen müsste.

Mit Sicherheit würden die Kühlungsbemühungen des Organismus, also Schwitzen, Blutumverteilung und verstärkte Atmung nicht ausreichen, die Temperatur des Gewebes unterhalb von 45 Grad Celsius zu halten. Somit würde das Eiweiß gerinnen und die Struktur absterben. Aufgrund dieser Erkenntnisse muss man schlussfolgern, dass es im Körper keine innere Reibung geben kann.

Wie bewegen sich die Strukturen dann sonst untereinander?

Reibung entsteht grundsätzlich, wenn zwei voneinander getrennte Objekte sich im Kontakt aufeinander und gegeneinander bewegen. Eine mechanische Betrachtungsweise der Anatomie mit Trennung der Strukturen unterstützt dieses Bild von Reibung. Dieses Bild ist jedoch nicht realistisch, da es im Körper keine klaren Trennungen gibt und alle Strukturen kontinuierlich ineinander übergehen.

Betrachten wir den Körper als großen umhüllten Wackelpudding, der aus vielen kleineren Puddings mit verschiedenen Festigkeiten aufgebaut ist. Hierbei kommt das ganze Spektrum von flüssig, über gelartig bis relativ fest vor und wird im wahrsten Sinne des Wortes durch ein wenig Spucke zusammengehalten.

Wenn so ein Pudding bewegt wird, entsteht keine Reibung, sondern lediglich Formveränderung. Dort wo die Kraft wirkt, entsteht die größte Veränderung. Je weiter wir uns von der Kraft entfernen, desto kleiner wird die Formveränderung.

Jeglicher Input, sowohl Kompression als auch Dehnung, würde stets das ganze System beeinflussen, wobei die Formveränderung mit zunehmendem Abstand vom Ort des Impacts immer kleiner wird. Kräfte werden also verteilt und neutralisiert, lokal oder auch im Gesamtsystem – je nachdem, was die aktuelle Situation erfordert.

Statt Reibung würden die Kräfte Wellen generieren, welche durch das System fließen und verteilt oder abgeleitet würden.

4. Muskulatur

Zum Abschluss bearbeiten wir noch einen wichtigen Aspekt zur Muskulatur, welcher auch von vielen Fachpersonen falsch verstanden wird.

Energieverbrauch in der Muskulatur

Auf die Frage, wann ein Muskel Energie braucht, würden die meisten inkl. viele medizinische Fachkräfte oder Fitnessinstruktoren antworten:

„Wenn er sich zusammenzieht, also kontrahiert."

Genau das Gegenteil ist jedoch der Fall. Die Kontraktion geschieht, weil aufgrund eines elektrischen Impulses Kalzium zum Sarkomer gelangt. ATP wird gespalten, was dazu führt, dass sich die kontraktilen Moleküle (Aktin und Myosin) verbinden. Bei dieser Verbindung von Aktin und Myosin verkürzt sich der Muskel.

Diese Verbindung und damit die Verkürzung bleiben erstmal bestehen. Das Verkürzungspotential, welches durch den elektrischen Impuls ausgelöst wird, war bereits vorhanden. Will der Muskel sich nun aber entspannen, also Aktin und Myosin wieder voneinander trennen, so braucht er Energie dafür.

Durch das Zuführen von Energie, wird die Verbindung von Aktin und Myosin wieder gebrochen, der Muskel kann sich wieder lösen und das Kontraktionspotential wird wieder hergestellt.

Es ist vergleichbar mit einem Katapult. Nicht das Abschießen des Katapults braucht Energie, sondern das Spannen. Das Abschießen benötigt lediglich einen loslösenden Impuls, welcher im Fall des Muskels elektrischer Natur ist. Aus diesem Grund entsteht auch die Totenstarre.

Totenstarre ist das Wegfallen von Energie, wodurch das Entspannen, also das Lösen des Muskelgewebes nicht mehr möglich ist. Im Falle des Todes werden erst durch das Einsetzen des Verwesungsprozesses – wenn Bakterien beginnen, den Muskel zu zersetzen – diese starken Kontraktionsbrücken gebrochen und das Bewegen des Toten wird wieder möglich.

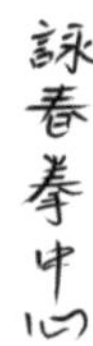

Das Pyramidenprinzip des Skelettes

Mit dem Pyramidenprinzip ist das strukturelle Bauprinzip des Skelettes gemeint. Die Knochen sind so angeordnet, dass Kräfte immer großflächiger verteilt werden können.

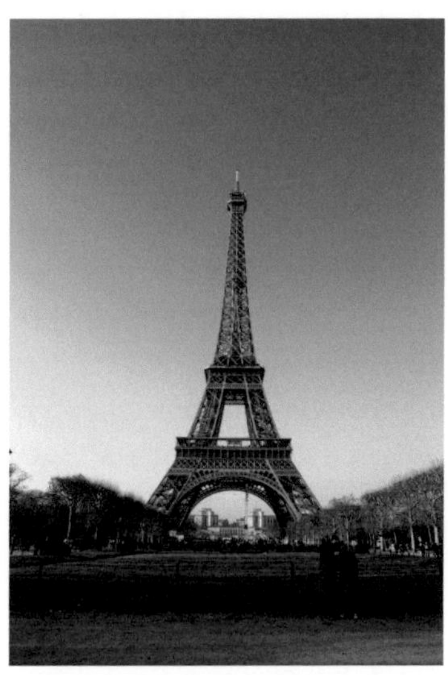

Es floatet eine Wirbelsäule über zwei Beinen und ein Oberschenkelknochen über zwei Unterschenkelknochen (Schienbein und Wadenbein). Die beiden Unterschenkelknochen gehen über in drei Sprunggelenksknochen, darauf folgen vier Fußwurzelknochen, welche wiederum in fünf Mittelfußknochen und Zehen übergehen. Nach demselben Prinzip sind auch die Arme aufgebaut.

Ein Kopf ruht auf zwei Schultern. Auf einen Oberarmknochen folgen zwei Unterarmknochen (Elle und Speiche). Danach folgt eine erste Reihe mit drei Handwurzelknochen, gefolgt von einer zweiten Reihe von vier Handwurzelknochen, welche in die fünf Mittelhandknochen und Finger übergehen.

Die Kraft wird also nach distal, vom Körperzentrum weg, immer breiter verteilt und umgekehrt von distal nach proximal immer mehr verdichtet. Verglichen mit den Beinen ist zwischen den Knochen der Arme mehr Beweglichkeit möglich. Dies kommt davon, dass die Arme beim Menschen ihre tragende Funktion zu Gunsten von Handfertigkeiten und Manipulation von Gegenständen aufgegeben haben.

Das Pyramidenprinzip mit immer breiterer Kraftverteilung gibt dem Körper optimale Stabilität. Dieses Konstruktionsmodell wurde vom Menschen oft kopiert, zum Beispiel beim Bau des Eiffelturms. Eine optimale Stabilität ist aber nicht der einzige Vorteil dieser Konstruktion.

Ermöglichung von Verschraubung

An den Stellen, wo das Skelett verästelt wird, also an den Gelenken, wird Rotation und Verschraubung möglich. Das Pyramidenprinzip bietet also die Grundlage für ein weiteres Grundprinzip des Bewegungsapparates und der menschlichen Biomechanik. Das Prinzip der rotatorischen Verschraubung.

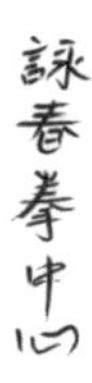

Das Prinzip der rotatorischen Verschraubung
Rotatorische Verschraubung architektonisch

Die rotatorische Verschraubung durchzieht die gesamte menschliche Architektur. Von der DNA über das gesamte Bindegewebe bis zum Skelett. Alles ist aus in sich verschraubten Bestandteilen zusammengebaut. Rotatorische Verschraubung gibt den Strukturen Stabilität und ermöglicht die Bildung von viaduktähnlichen Bögen.

Beispiel: Nehmen wir ein Badetuch und versuchen, daraus einen stabilen Bogen zu formen. Mit dem offenen Tuch oder mit einem gefalteten Tuch ist das kaum möglich. Verdrehen wir jedoch das Badetuch in sich, wird es immer fester und wir können letztendlich einen relativ stabilen Bogen formen.

Nicht nur die reine rotatorische Verschraubung, sondern auch die Bogenbildung mit Hilfe der rotatorischen Verschraubung ist überall im Bewegungsapparat anzutreffen.

Der Faserverlauf der Hüftgelenkkapsel ist rotatorisch verschraubt und bogenförmig. Zusammen mit dem Schenkelhals bildet sie einen viaduktähnlichen Bogen zwischen Oberschenkel und Becken.

Betrachten wir einen Röhrenknochen (z.B. Oberschenkelknochen) genauer, so sehen wir, dass der gesamte Knochen selbst, über den ganzen Verlauf, rotatorisch in sich verschraubt ist. Dank des Pyramidenprinzips wird in den Gelenken Rotation möglich und damit die Bogenbildung über mehrere Körperabschnitte, was sowohl für Kraftübertragung als auch für die Kraftentwicklung von großer Bedeutung ist.

Das Bild zeigt den Oberschenkel von oben. Man beachte die Achse des Hüftgelenkes (gelb), die Achse des Kniegelenkes (blau) und die funktionelle Fußlängsachse (grün).

Die unterschiedliche Richtung der beiden Achsen lässt die rotatorische Verschraubung im Verlauf des Oberschenkelknochens erkennen.

Rotatorische Verschraubung funktionell

Der Spruch: „Form follows function" ist allen bekannt. Es ist nicht verwunderlich, dass sich das Prinzip der rotatorischen Verschraubung in Form und Funktion in der menschlichen Biomechanik entsprechen.

Rotatorische Verschraubung im Bein

Um uns gegen die Schwerkraft ökonomisch aufrichten zu können, müssen die Hüftstrecker arbeiten. Neben Hüftstreckung haben diese Muskeln zusätzlich außenrotatorische Wirkung auf die Hüfte. Vor allem die tiefen gelenknahen stabilisierenden Muskeln haben auf das Bein abduktorische (abspreizende) und außenrotatorische Wirkung.

Im Bereich des Kniegelenkes wird die Stabilität über innenrotatorische Aktivität gewährleistet. Auch dort gibt es einen tiefen gelenknahen Muskel (M. Popliteus – hinten in der Kniekehle), welcher den Unterschenkel nach innen rotiert.

Gehen wir nun weiter nach unten, finden wir wieder nach außen orientierte (genannt abduktorische) Stabilisierung im Bereich der Sprunggelenke (der gesamte Fuß zeigt im Normalfall leicht nach außen). Der Vorfuß verschraubt gegenüber den Sprunggelenken wieder nach innen (pronatorisch) und bildet durch diese Verschraubung zwei essenzielle Bogenkonstruktionen, die Fußgewölbe (Längs- und Quergewölbe).

Bei den Fußgewölben ist nebst der Stabilität auch die zweite wichtige Funktion der Bogenkonstruktion zu erkennen. Dank der Bogenform entsteht eine federartige Pufferfunktion, welche Stöße dämpft, aber auch wieder einen Katapult Mechanismus ermöglicht.

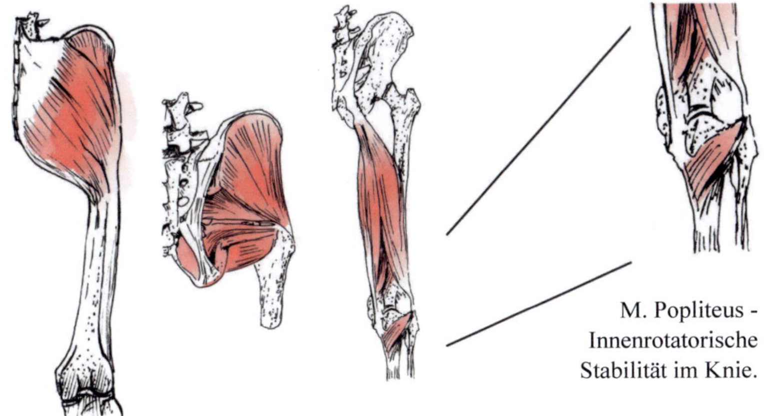

In allen Schichten der Beinmuskulatur verlaufen die Muskeln Diagonal und ermöglichen so Verschraubung.

Rotatorische Verschraubung im Arm

Beim Arm sehen wir praktisch die gleiche Situation wie beim Bein, was auch logisch ist, wenn wir der Evolutionstheorie folgend davon ausgehen, dass wir früher auf vier Beinen unterwegs waren.

Die Schulter ist das beweglichste und damit leider auch das verletzungsanfälligste Gelenk des gesamten Körpers. Es ist das einzige Gelenk, welches kaum durch Bänder, sondern fast ausschließlich durch das Zusammenspiel von Muskeln (der Rotatorenmanschette) gehalten, gesteuert und stabilisiert wird.

Wie bei der Hüfte erhält die Schulter ihre Stabilität primär durch außenrotatorische Aktivität. Bei der Rotatorenmanschette mit ihren vier Muskeln ist das Verhältnis zwischen Außen - und Innenrotatoren drei zu eins für die Außenrotatoren.

Im Bereich des Unterarmes kommt es wieder zur entgegengesetzten, also innenrotatorischen Verschraubung der Speiche gegenüber der Elle (pronatorische Verschraubung). Auch im Bereich des Handgelenkes gibt es eine Verschraubung, die wieder nach außen gerichtet ist.

So wird auf der Kleinfingerseite Stabilität für die freie Bewegung von Zeigfinger und Daumen aufgebaut. Außerdem entstehen durch die Verschraubung bei der Hand die für die Funktion sehr wichtigen Längs- und Quergewölbe, welche aufgrund der manipulativen Funktion der Hand weniger ausgeprägt sind als beim Fuß.

Selbstversuch:
Versuch mal, das Handgelenk zum Daumen abzuknicken und in dieser Position Zeigfinger und Daumen im Sinne eines Pinzettengriffes zu bewegen. Anschließend machst Du dasselbe, wenn das Handgelenk Richtung Kleinfinger abgeknickt ist. Du wirst merken, dass du in der zweiten Position viel feiner und ökonomischer bewegen kannst als in der ersten Position.

Jeder Muskel arbeitet dreidimensional

Die gesamte Skelettmuskulatur folgt dem Prinzip der Rotatorischen Verschraubung. Jeder Muskel im Bewegungsapparat hat zusätzlich zur Beuge- oder Streckfunktion einen rotatorischen sowie einen ab- oder adduktorischen Wirkungsgrad. Somit wirkt jeder Muskel in irgendeiner Form in jeder Ebene (sagittal, horizontal und frontal).

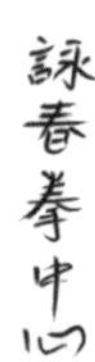

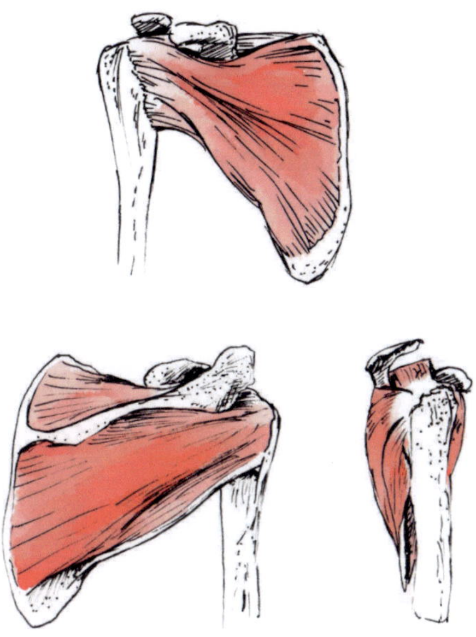

Das Bild zeigt die Rotatorenmanschette. Oben der M. Subscapularis – der einzige Innenrotator – unten Mm. Supraspinatus, Infraspinatus und Teres Minor – die Außenrotatoren.

Zusammenfassung

Rotatorische Verschraubung ist ein Grundprinzip, welches den gesamten Aufbau des Bewegungsapparates durchzieht, sowohl im Großen wie auch auf molekularer Ebene. Alle Bindegewebsfasern, die das Bindegewebsnetzwerk aufbauen, sind in sich verschraubt.

Die Knochen sind in sich rotatorisch verschraubt und werden auch untereinander, mit Hilfe der Muskulatur, rotatorisch verschraubt. Weiter ist jeder Muskel in sich verschraubt und hat zusätzlich zur Beuge- oder Streckfunktion immer auch einen rotatorischen Wirkungsgrad auf den Körper.

Rotatorische Verschraubung gibt den Strukturen in sich Stabilität und ermöglicht die Bildung von Bögen. Die Bögen geben ihrerseits Stabilität und können Stöße abfangen oder dämpfen (Pufferfunktion). Außerdem ermöglichen sie die Speicherung von potenzieller Bewegungsenergie im Bindegewebsnetzwerk, welche im Sinne eines Katapultes anschließend wieder freigesetzt werden kann.

Das Prinzip von stabilisierender und mobilisierender Muskulatur

Kommen wir zum Aufbau und der Architektur des Muskelapparates. Wer sich schon in wenig mit der Physiologie der Muskulatur auseinandergesetzt hat, weiß, dass es verschiedene Arten von Muskelfasern gibt. Um es einfach zu halten unterscheide ich hier nur:

tonische rote Muskelfasern – langsam zuckend, kontinuierlich, sehr ausdauernd (Marathonläufer)

und

phasische weiß Muskelfasern – schnellzuckend kräftig, jedoch schnell ermüdend (Sprinter)

Analog dazu können wir aufgrund der Muskellage zwischen primär stabilisierenden, Muskeln und primär mobilisierenden Muskeln unterscheiden.

Die primär stabilisierende Muskulatur (Marathonläufer)

Zu den primär stabilisierenden Muskeln zählen die tiefen, eingelenkigen, gelenknahen Muskeln. Ihr Verlauf steht senkrecht zu den Gelenkflächen oder, anders ausgedrückt, parallel zur Gelenkkapsel.

Aufgrund ihrer Lage haben sie kaum bewegende Funktion. Ihre Fasern haben einen diagonalen Verlauf, wodurch sie rotatorisch, verschraubend wirken können. Wie ihr Name schon sagt, sind sie eher für Stabilisierung und Schutz der Gelenke und die optimale Ausrichtung der Gelenkflächen untereinander zuständig. Entsprechend dieser Funktion ist auch ihre Zusammensetzung.

Bei den primär stabilisierenden Muskeln überwiegen die langsam zuckenden, ausdauernden, tonischen Muskelfasern. Dadurch können sie ihre stabilisierende Funktion über lange Zeit wahrnehmen und sorgen für optimale Ausrichtung der Gelenkpartner, während diese durch die primär bewegenden Muskeln bewegt werden.

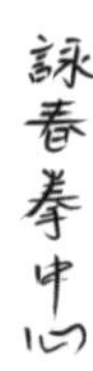

Nach meiner Vorstellung hat die primär stabilisierende Muskulatur eine wichtige regulierende Funktion auf das Spannungsfeld des Fasziennetzwerkes. Sie hält die Floating-Funktion der Knochen bei den Gelenken aufrecht, damit Kompressionskräfte über das Spannungsfeld des Fasziennetzwerkes abfließen und nicht durch die Knochen gehen (siehe Biotensegrity). Ihre Funktion ist magnetisierend, Alignment schaffend und bewahrend.

Die primär mobilisierende Muskulatur (Sprinter)

Die primär mobilisierenden Muskeln sind von der Lage her oberflächlich und gelenkfern. Oft ziehen sie über zwei oder noch mehr Gelenke und verbinden Köperregionen untereinander. Sie bewegen den Körper und können neben kräftigen Bewegungen auch blitzschnelle Reaktionsmuster generieren.

Entsprechend bestehen sie dominant aus schnellzuckenden, kräftigen, schnell ermüdenden, phasischen Muskelfasern. Diese Muskeln bilden unsere Silhouette, also unser Erscheinungsbild, weswegen man sie gerne auftrainiert, um stark und fit auszusehen. Vor allem Männer haben oft das Ziel, diese Muskeln so groß und hart wie möglich zu trainieren.

In den vergangenen Jahren habe ich mehr und mehr erkannt, dass dies ein Irrweg ist. Harte angespannte Muskeln stehen im Gegensatz zur Ökonomie. Sie bieten bei Bewegung aufgrund ihrer Spannungen zusätzlichen inneren Widerstand, welcher mit einem zusätzlichen, meist unnötigen Kraftaufwand überwunden werden muss. Je weicher und entspannter unsere silhouettenbildende Muskulatur ist, umso ökonomischer und schneller können wir uns bewegen. Ich lade euch ein, eine Katze genauer anzuschauen.

Wenn man eine Katze anfasst, sind alle Muskeln weich und lassen sich bis auf den Knochen eindrücken, ohne dass die Katze die kleinste Reaktion und Unbehagen zeigt. In Bewegung ist die Katze elegant, flexibel und blitzschnell. Genau so sollte optimalerweise auch unsere silhouettenbildende Muskulatur sein. Sie sollte weich und offen sein und man sollte in diese hineindrücken können, bis auf den Knochen runter, ohne dass man Schmerzen verspürt.

Die oberflächlichen bewegenden Muskeln in einer weichen und offenen Qualität zu erhalten, ist die beste Prävention gegenüber Verletzungen und Überlastungen, speziell im Spitzensport.

Das Prinzip des Alignment

Alignment bedeutet optimale Ausrichtung zum Schutz von Strukturen.

Im Alignment arbeiten alle Muskeln harmonisch zusammen und bewegen das Gelenk oder die Körperabschnitte maximal ökonomisch. Mit ökonomisch ist die maximale Mühelosigkeit und Leichtigkeit einer Bewegung bei maximalem Schutz der Strukturen, gemeint. Das Prinzip des Alignment ist die funktionelle Konsequenz des architektonischen Prinzips von stabilisierender und mobilisierender Muskulatur.

Die stabilisierende Muskulatur sorgt für die optimale Ausrichtung der Gelenkpartner, also für Alignment, vor und während einer Bewegung. Bei Bewegungen, die nicht im Alignment generiert werden, arbeitet die Muskulatur nicht ökonomisch zusammen, wodurch es zu erhöhter Kompression und erhöhten Scherkräften im Gewebe kommt. Eine weitere Folge sind lokale Fehl- oder Überbelastungen von Strukturen (Bänder, Sehnen, Muskeln, Sehnenscheiden usw.).

Im Umkehrschluss lässt sich auch sagen: „Wenn eine Bewegung leicht und mühelos möglich ist, sind die beteiligten Gelenkpartner oder Körperabschnitte optimal aligned.“

Analysieren wir das optimale Alignment im Rumpf, um den Begriff besser zu verstehen. Jedem ist klar, dass ein vorgeneigter oder nach hinten gebeugter Oberkörper nicht optimal ausgerichtet ist.

Ein nach vorne gebeugter Oberkörper muss durch die Rückenmuskulatur und ein nach hinten geneigter mit Hilfe der Bauchmuskeln gehalten werden. Das Bewegen eines Armes braucht in diesen Positionen merklich mehr Kraft, als wenn der Rumpf im Lot ist. Alignment im Rumpf besteht dann, wenn alle Ringe wie bei einem Lampion zentriert und ausbalanciert übereinander stehen.

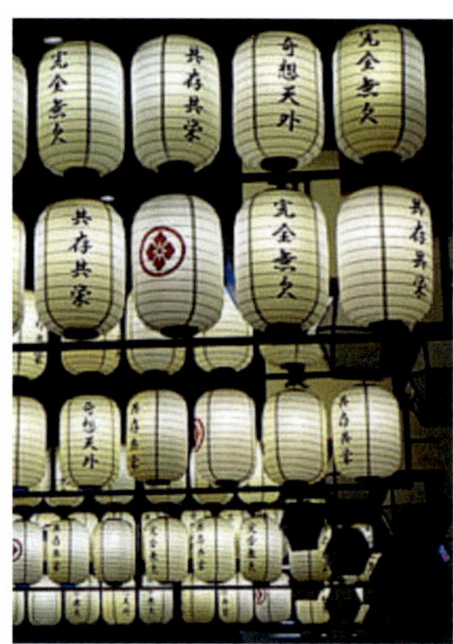

Im optimalen Alignment balanciert der Kopf exakt über dem oberen Brustkorbring, gebildet durch die ersten Rippen und den ersten Brustwirbel. Die anderen Brustkorbringe, bestehend aus je zwei Rippen und einem Brustwirbel, stehen ebenfalls schön zentriert übereinander.

Schließlich sind auch noch der obere und der untere Beckenring (großes und kleines Becken) um dasselbe Zentrum zentriert wie Brustkorb und Kopf. Durch das optimale Alignment im Rumpf bildet sich die, im WingTsun als „Dochtlinie" bekannte, zentrale Linie durch den Körper.

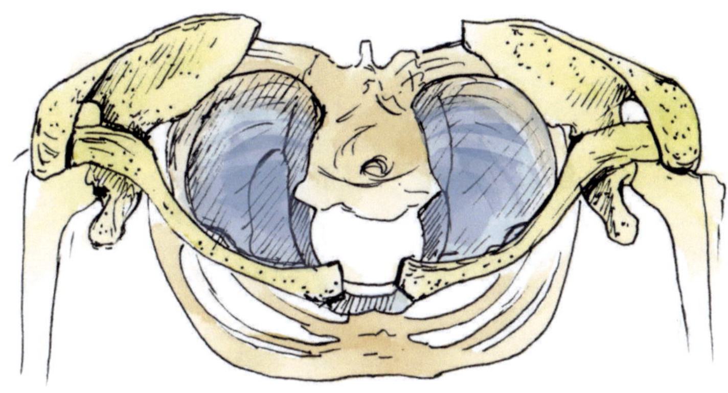

Bei dieser Ansicht von oben auf den Brustkorb ist schön zu sehen, wie alle Ringe des Körpers im Alignment konzentrisch übereinanderstehen oder besser floaten.

Der oberste Ring wird gebildet durch den Schultergürtel (gelb) darauf folgen die Brustkorbringe gebildet durch die Rippen und Wirbel (orange) und im Innersten sieht man den großen und den kleinen Beckenring (blau).

Corestability

Corestability ist ein Begriff aus Neurophysiotherapie. Im klassischen Sinne ist mit Corestability die Tiefenstabilität primär im unteren Rumpf gemeint. Die Corestability ist als Herz und Motor allen Bewegens zu verstehen.

Sie entsteht durch das optimale Zusammenspiel diverser tiefliegender stabilisierender Muskeln, die im und um das Becken angeordnet sind. Die Muskeln der Corestability sind unter den stabilisierenden Muskeln die Wichtigsten überhaupt.

Sie machen ein ökonomisches Bewegen des Körpers erst möglich. Die Corestability richtet uns lotrecht, entlang der Dochtlinie gegen die Schwerkraft auf. Sie ist das Zentrum, die Quelle des magnetisierenden Systems, welches das Skelett und damit den ganzen Bewegungsapparat aufrichtet, aufspannt und so Alignment herstellt.

Kurz bevor wir eine Bewegung durchführen, werden die Muskeln des Corestability-Systems im Sinne eines „Feedforward" (im Voraus) aktiviert. In allen asiatischen Körper- und Bewegungslehren nimmt der Unterbauch, also der Körperabschnitt Becken (damit ist das Becken einschließlich Lendenwirbelsäule gemeint) eine zentrale Rolle ein. Dort ist zum Beispiel der Sitz des „Dan-Tien".

Der Dan-Tien siedelt sich unterhalb des Bauchnabels im Unterbauch an und wird als Zentrum des „Qi" verstanden. In moderneren Systemen wie dem Pilates wird dieser Bereich „Powerhouse" genannt. Egal wie wir das Kind benennen und welches Erklärungsmodell wir verwenden. Eines haben alle Modelle gemeinsam:

Alle verstehen den Unterbauch als den Ursprung einer jeden Bewegung des Körpers.

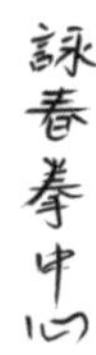

Die beteiligten Muskeln

Am Corestability-System sind diverse Muskeln entlang des gesamten Skelettes beteiligt. In der klassischen Vorstellung beinhaltet die Corestability nur die tiefen Rumpfmuskeln.

Verschiedene Studien haben aber gezeigt, dass auch Muskeln in den Extremitäten mitbeteiligt sind, da diese synchron mit den tiefen Rumpfmuskeln anspringen. Ich verstehe das Corestability-System als das magnetisierende System, welches das Skelett mit dem gesamten Bindegewebsnetzwerk aufspannt, damit es in der Schwerkraftlinie ohne Mühe stehen kann.

In dem Sinne gehören aus meiner Sicht alle tiefen skelett- und gelenknahen Muskeln zur Corestability. Sie alle erfüllen aufgrund ihrer Lage die Funktion des Aufspannens und Stabilisierens. Bei den Muskeln der Corestability gilt: alle oder keiner. Mit anderen Worten: Es springen immer alle miteinander an. Zum erweiterten Corestability-System, wie ich es verstehe, gehören nachfolgende Muskeln:

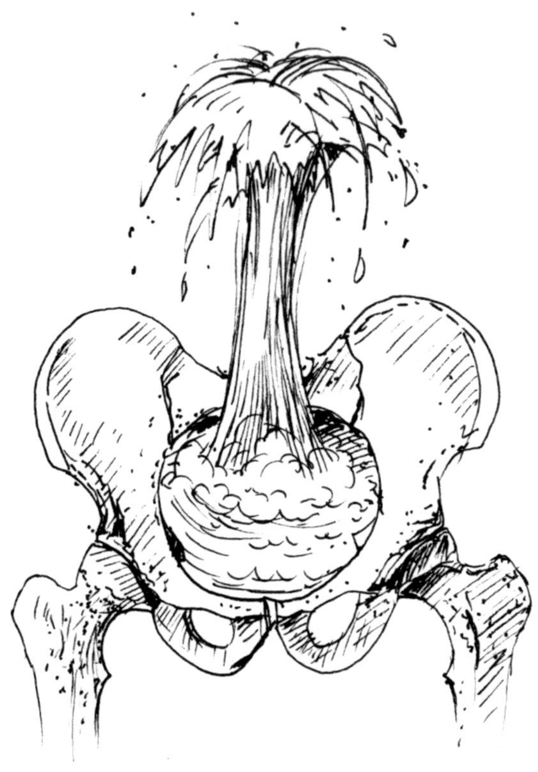

Das Bild zeigt symbolisch die Funktion der Corestability. Wie ein Springbrunnen magnetisiert sie das Skelett vom DanTien aus.

Im Gegensatz zum Springbrunnen geht die Energie nicht nur nach oben, sondern in alle Richtungen, also auch in die Beine.

M. Transversus abdominis

Der M. Transversus abdominis umspannt den ganzen Bauch wie ein Korsett und verbindet das Becken mit dem unteren Rippenbogen. Er verläuft in der Tiefe und hält die Bauchorgane kompakt zusammen.

Bezüglich Stabilität ist er der wichtigste Bauchmuskel und leider auch oft der am meisten vernachlässigte.

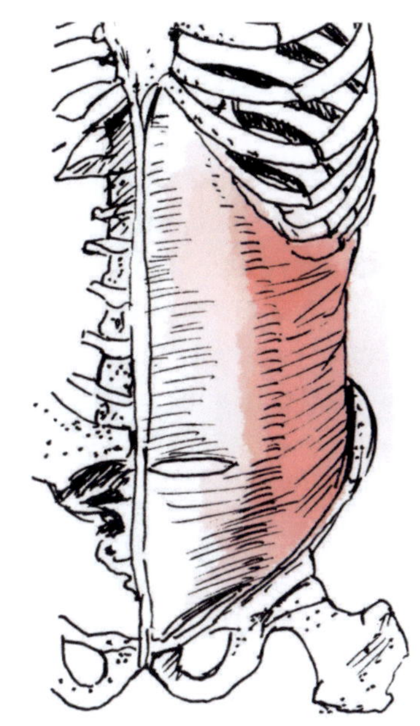

Mm. Multifidi

Die Multifidis sind tiefgelegene Rückenmuskeln. Sie verlaufen unmittelbar neben den Wirbeln und sind entlang der gesamten Wirbelsäule anzutreffen.

Sie überspringen jeweils zwei bis vier Wirbel, stabilisieren diese untereinander und sorgen für das perfekte Alignment unter den Wirbeln im Sinne des maximalen Schutzes der Strukturen, also Schutz der kleinen Wirbelgelenke, Bänder und Bandscheiben.

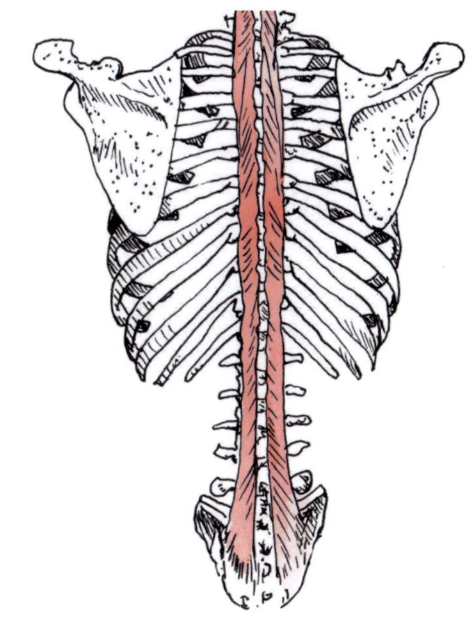

M. Rectus abdominis
(unterster Anteil)

Der Rectus Abdominis bildet das von vielen Menschen angestrebte Sixpack. Er ist eigentlich ein primär mobilisierender phasischer Muskel. Der unterste Muskelbauch unterhalb des Bauchnabels beinhaltet jedoch einen hohen Anteil an tonischen Fasern und hat im Sinne der Corestability primär stabilisierende Funktion.

M. Psoas major

Der. M. Psoas major wird oft mit dem M. Iliacus zusammengefasst und ist daher eher als M. Iliopsoas bekannt. Während der M. Iliacus, welcher der Beckenschaufel entspringt dominant phasischer Natur und damit ein kräftiger Hüftbeuger ist, hat der M. Psoas major großen Anteil an tonischen Fasern und damit im Sinne des magnetisierenden Systems stabilisierende Wirkung auf die Lendenwirbelsäule.

Ich verstehe den obersten Ansatz des Psoas major beim ersten Lendenwirbel als Ursprung der Beine. Eine Hängebrücke beginnt auch nicht beim Abgrund, sondern bei den Seilen.

Analog bildet der Psoas major mit seinen 5 Ansätzen an den Lendenwirbeln, den Ursprung der Beine.

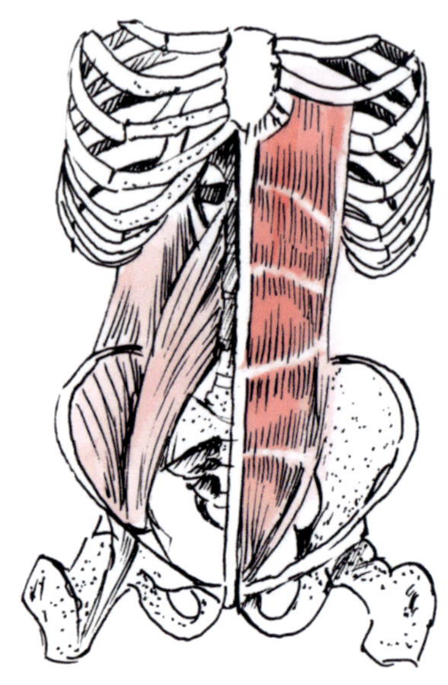

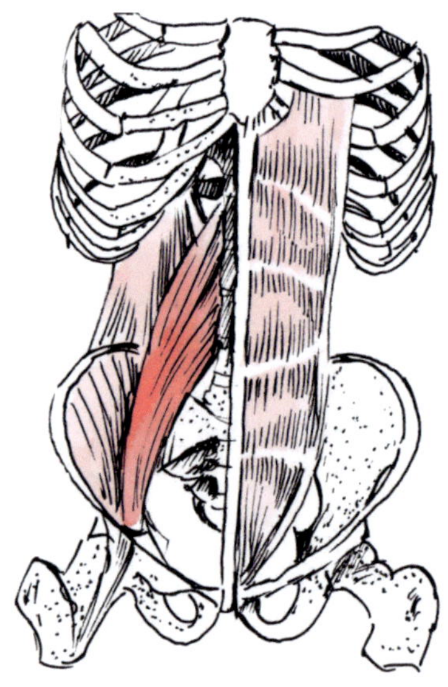

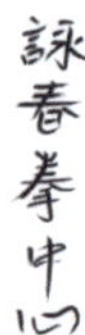

Beckenbodenmuskulatur

Der Beckenboden ist ein komplexes System, bestehend aus einer Vielzahl von Muskeln. Er schließt das Becken nach unten wie der Boden eines Gefäßes. Für Frauen hat das Training des Beckenbodens vor allem in und nach der Schwangerschaft höchste Priorität. Ein schwacher Beckenboden ist die Hauptursache für Urininkontinenz nach der Geburt und auch im Alter.

Aber auch beim Mann ist eine schwache Beckenbodenmuskulatur weit verbreitet und oftmals hauptverantwortlich für Erektionsprobleme. Beckenbodentraining kann für den Mann eine wirksame und gesunde Alternative zur medikamentösen Behandlung von Erektionsproblemen sein.

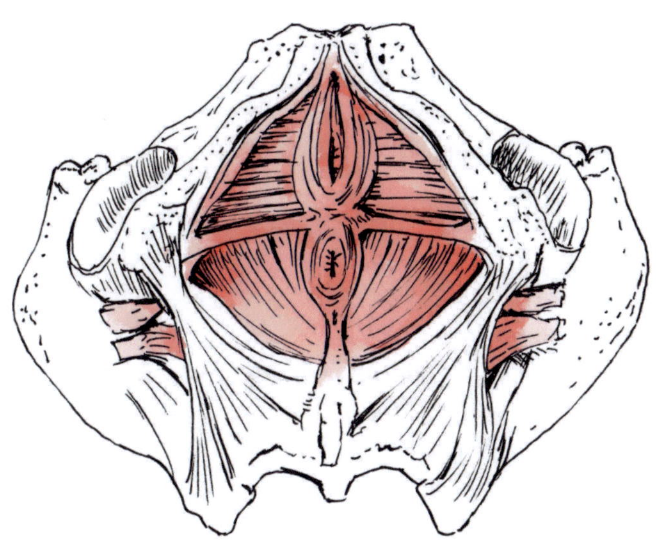

Die Abbildung zeigt das Becken von unten mit
Sicht auf die Beckenbodenmuskulatur.

Zwerchfell (Diaphragma)

Analog zum Beckenboden, den man mit dem Boden eines Gefäßes vergleichen kann, bildet das Zwerchfell den Deckel und schließt das Rumpfgefäß nach oben ab. Seine Hauptaufgabe ist die Atmung.

Zusammen mit den Mm. Intercostales füllt es die Lungen. Das Zwerchfell ist an der Lendenwirbelsäule und an der Innenseite der siebten bis zwölften Rippen befestig und nach oben in den Brustkorb gewölbt.

Das Zwerchfell entspringt nicht nur der Region wo Arme und Beine sich treffen, es bildet sozusagen die Grenze zwischen dem Wasserkörper und dem Luftkörper.

Unterhalb des Zwerchfells haben alle Organaktivitäten mit Flüssigkeit zu tun, während oberhalb des Zwerchfells Luft und Sauerstoff verarbeitet werden.

Auf dem nebenstehenden Bild ist anhand der Bauchpresse die unterstützende Wirkung auf das Corestability-Systems zu erkennen. Die Bauchpresse (siehe Bild 2 und 3 rechts) ist quasi die gezielte, zusätzliche Aktivierung der phasischen Muskelanteile zur Verstärkung der Corestability.

Man sieht, wie durch die Zusammenarbeit des gesamten magnetisierenden Systems der untere Rumpf in sich kompakter und damit gut stabilisiert wird. Aus meiner Sicht Ist das Zwerchfell die Stabilität betreffend nur als Hilfsmuskel anzusehen. Stabilität muss zwingend unabhängig von der Atmung funktionieren. Ich erwähne das Zwerchfell hier nur, weil es zur klassischen Definition der Corestability gehört.

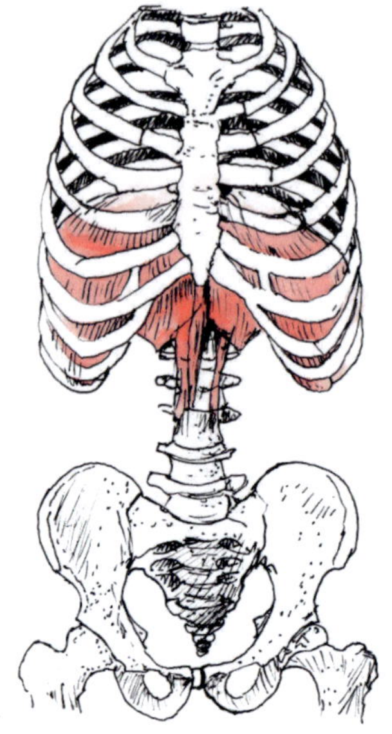

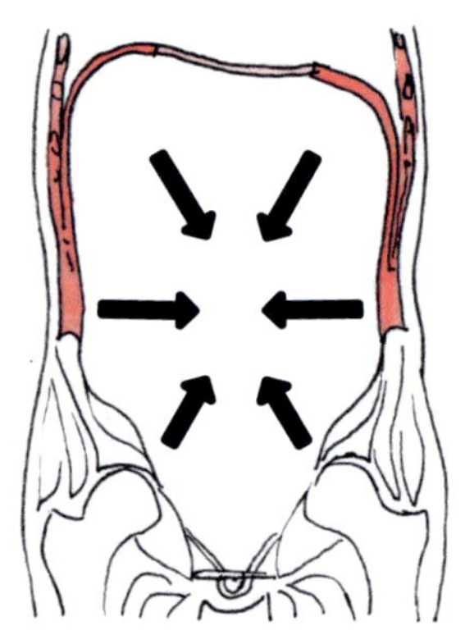

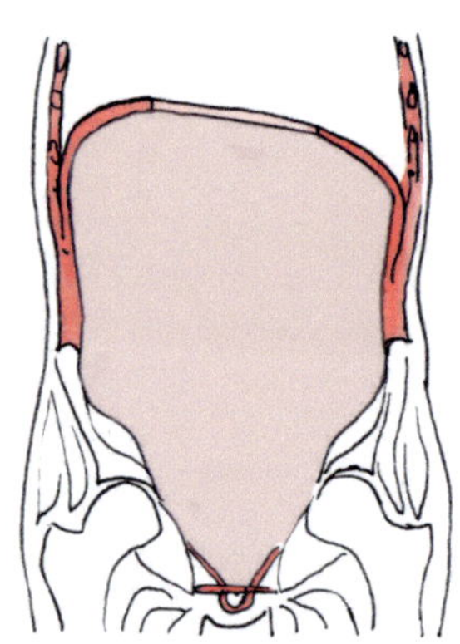

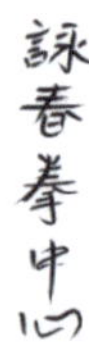

Gesäßmuskulatur (Mm Gluteus maximus, medius, minimus)

Die Gesäßmuskulatur balanciert den Rumpf in der Schwerkraftslinie und balanciert das Rumpfgefäß, entstehend durch die gemeinsame und fein koordinierte Aktivierung der oben genannten Muskeln. Sie übertragen als Teil des Corestability-Systems die Magnetisierung des Skelettes vom Rumpf auf die Beine.

Dies ist die Aufgabe der tonischen Anteile dieser Muskulatur. Vor allem der große Gesäßmuskel hat auch einen großen Anteil an phasischen Muskelfasern und kann kräftige Bewegungen generieren. Dank seiner oberflächlichen Lage und der Verbindung zum Knie hat er außerdem eine ausgezeichnete Lage, um das Bein zu bewegen.

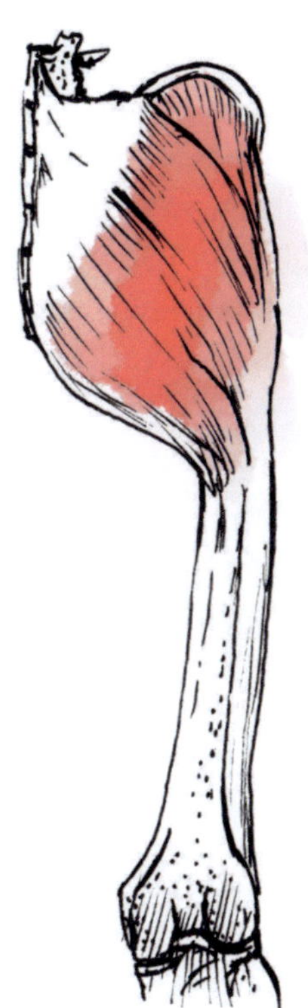

Die tiefen Außenrotatoren der Hüfte

Die tiefen Außenrotatoren der Hüfte:

- Mm. Obturatoren
- M. Quadratus femoris
- M. Pectineus

sind ebenfalls ein Teil des magnetisierenden Systems. Sie stabilisieren das Hüftgelenk durch außenrotatorische Verschraubung, als Voraussetzung für die Arbeit der mobilisierenden Muskulatur (folge Kapitel stabilisierende und mobilisierende Muskulatur).

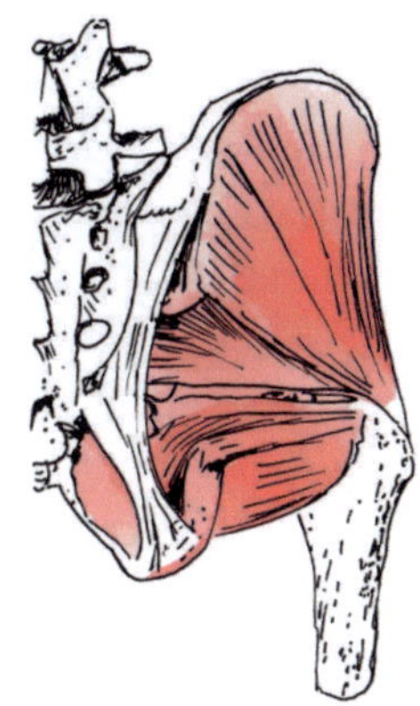

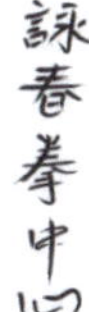

Kniebeuger - M. Hamstrings

Hamstrings bedeutet Schinkenspanner. Die gesäßnahen (proximalen) Anteile der Kniebeuger beinhalten große Anteile von tonischen Muskelfasern und helfen den Gesäßmuskeln und den tiefen Außenrotatoren, das Becken zu stabilisieren.

Deswegen gehören die gesäßnahen Anteile der langen Kniebeuger auch zum magnetisierenden System der Corestability.

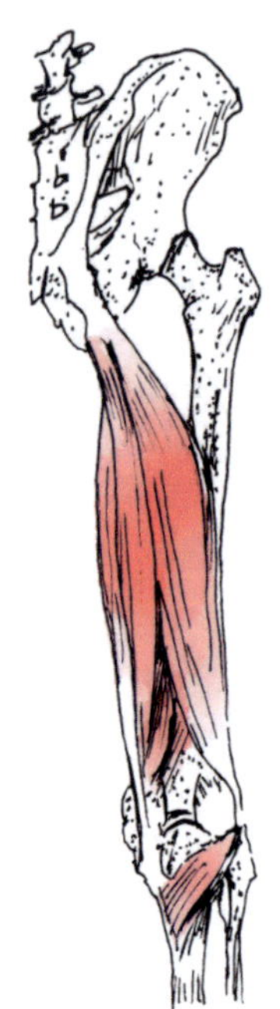

Fußmuskulatur

Mit der intrinsischen Fußmuskulatur sind die tiefen Fußmuskeln im Fußgewölbe und zwischen den Mittelfußknochen gemeint.

Sie spannen die Fußgewölbe, Quer- und Längsgewölbe auf und helfen so den Fuß zu stabilisieren.

Dadurch entsteht die Kommunikationdes Fußes mit der Unterstützungsfläche, also dem Boden.

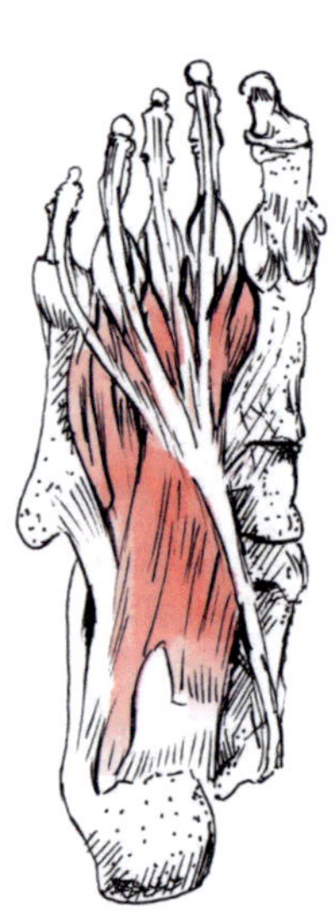

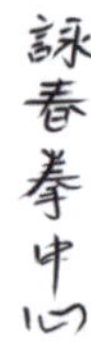

Rotatorenmanschette

Die Rotatorenmanschette haben wir bereits kennengelernt. Das Zusammenspiel dieser Muskeln saugt den viel zu großen Humeruskopf in die kleine Pfanne und hält diesen während des Bewegens stets zentriert.

Sie sind die hauptverantwortlichen Strukturen für die Stabilität des Schultergelenkes und leiten die magnetisierende Energie weiter vom Rumpf in den Arm.

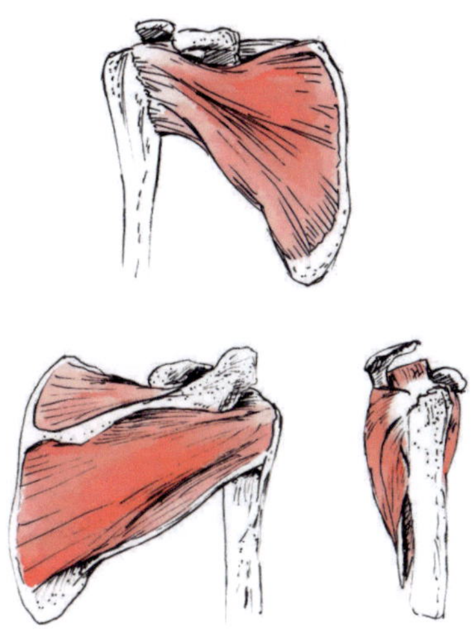

Intrinsische Handmuskulatur

Mit der intrinsischen Handmuskulatur sind die tiefen Muskeln zwischen den Mittelhandknochen gemeint.

Sie spannen das Handgewölbe auf und bauen die Grundstabilität in der Handfläche für die manipulierende Funktion der Finger auf.

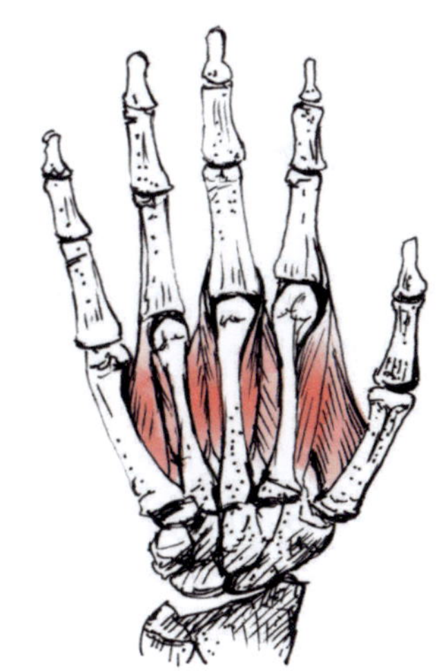

Das Geheimnis der ökonomischen Bewegung

Ich verstehe die Corestability als die funktionelle Konsequenz aus den beschriebenen Muskelsystemen, einem primär stabilisierenden und einem primär mobilisierenden.

Das primär stabilisierende System mit der Corestability als fundamentalen Motor im Zentrum des Körpers (DanTien) magnetisiert das Skelett und das Bindegewebsnetzwerk, damit dieses so leicht und ökonomisch wie möglich bewegt werden kann. In der Auseinandersetzung mit der Schwerkraft organisiert sie uns vom Zentrum aus entlang der Dochtlinie in der Schwerkraftlinie.

Dieses System muss perfekt auf das primär mobilisierende System, welches schnelle und kräftige Bewegungen generiert, abgestimmt sein. Unser neuromuskuläres System ist so angelegt, dass vor jeder Bewegung (etwa eine halbe Sekunde vorher) erst die primär stabilisierende Muskulatur im Sinne eines Feedforward aktiviert wird.

Dadurch wird das Alignment im zu bewegenden Körperabschnitt stets angepasst und rejustiert, bevor eine Bewegung ausgeführt wird, um selbst bei kräftiger Bewegung maximale Ökonomie und Schutz der Strukturen zu gewährleisten. Nach meinen jüngsten Erkenntnissen hat das mobilisierende System neben dem Bewegen eine zweite interessante Aufgabe im Sinne der Ökonomie.

Diese Aufgabe ist quasi eine passive Funktion, basierend auf ihrer Entspannung, welche ich den makrokosmischen Energiekreislauf der Muskulatur nenne.

Der makrokosmische Energiekreislauf der Muskulatur

Bewusst wurde mir dieses Phänomen während meiner komplementär-therapeutischen Ausbildung in der Trager-Therapie. In dieser eher unbekannten Form der Körperarbeit versucht der Praktiker, durch leichte Wellenimpulse die Gewichte der einzelnen Körperabschnitte zu erspüren oder besser gesagt zu erfragen. Je mehr die Muskulatur loslässt, desto mehr Gewicht ist für den Therapeuten und auch für den Klienten erspür und erfahrbar. Nach so einer Sitzung ist die erste Reaktion der Klienten fast immer: „Die Aufrichtung des Körpers ist so leicht und so selbstverständlich." Dank meinen Forschungen im

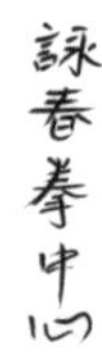

80

Bereich der Heiligen Geometrie, insbesondere zum Vectorequilibrium und dem Torusflow, wurde mir bewusst, worauf dieses Phänomen beruht. Das wiederum nahm direkten Einfluss auf mein Verständnis der Biomechanik und auch des WingTsun.

Wenn die gesamte bewegende, silhouettenbildende Muskulatur gleichmäßig entspannt vom Körper hängt, so entsteht dadurch ein energetischer Kreislauf zusammen mit dem Corestability-System, wodurch der Körper sich mühelos im Lot der Schwerkraftlinie aufbaut. Diese zentrierte Aufrichtung entlang der Dochtlinie führt wiederum dazu, dass die bewegende Muskulatur nicht halten muss und entspannt hängen kann.

Auf diese Weise entsteht durch gleichmäßiges entspanntes Loslassen der oberflächlichen Muskulatur ein energetischer Kreislauf im Sinne eines Torusflows, welcher uns maximal ökonomisch im Schwerefeld der Erde aufrichtet. Aus meiner täglichen therapeutischen Erfahrung in der Arbeit mit der Trager-Therapie bei zahllosen akuten und chronischen Leiden am Bewegungsapparat wurde mir mehr und mehr bewusst, dass mit der Herstellung eines entspannten muskulären Gleichgewichts ein makroskopischer Energiefluss erreicht wird, der die Voraussetzung für Selbstheilung im Bewegungsapparat darstellt.

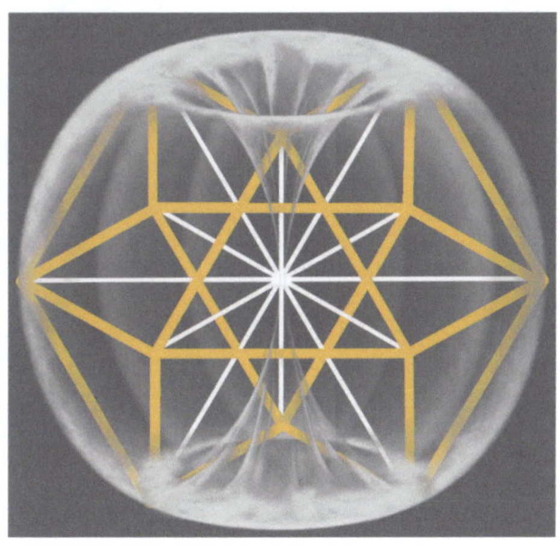

Wie wir später sehen werden sind das Vectorequilibirium und der Torus regelrecht in die menschliche Anatomie eingebettet.

詠春拳中心

Wing Tsun

als

Kampfkunst

der

Mitte

WingTsun, wie es meistens unterrichtet wird, ist geprägt durch aggressives Vorgehen. Man gibt auf den Angriff des Gegners in erster Linie nach, überrennt ihn dann aber mit Kettenfauststößen oder anderen aggressiven Techniksalven.

Für mich, mit meinem therapeutischen Hintergrund, ist diese Interpretation des WingTsun nicht passend. Persönlich glaube ich an die Theorie der Einheit – also, dass wir alle eins sind, und dass ich, wenn ich jemandem Anderen Schaden zufüge, auch mir selbst schade. Ich spreche mich aus tiefster Überzeugung gegen jegliche Gewalt aus, es sei denn, sie geschieht aus Notwehr zur Selbstverteidigung.

Aber auch in dieser Situation ist es mein Ziel, den Angreifer zu schonen und nicht unnötig zu verletzen. Wie mein Si-Fu immer so schön sagt: „Der Angreifer ist mein Freund, er hat es nur vergessen." Mit dieser Überzeugung wird man oft als spiritueller Idealist und Träumer abgetan. Aber eigentlich ist es die einzige logische Verhaltensweise, wenn man sich an die naturwissenschaftlichen Erkenntnisse, speziell an die Erkenntnisse aus der Quantenphysik, hält. Ich möchte dies ganz kurz erklären:

In der Quantenphysik gibt es das Phänomen der Quantenverschränkung. Einstein nannte es „die spukhafte Fernwirkung". Ich bin kein Physiker, werde aber versuchen, das Phänomen, so gut ich kann, zu erklären. Zwei vorab zusammengehörige Photonen A und B werden räumlich voneinander getrennt. Dabei spielt es keine Rolle, ob man die Photonen nur einige Meter oder hunderte Kilometer voneinander trennt. Stimuliert man nun eines der Photonen, so reagiert das zweite absolut simultan, also ohne jegliche Verzögerung genau gleich auf den Impuls, obwohl es hunderte Kilometer entfernt ist.

Die beiden müssen also in irgendeiner Form doch noch miteinander verbunden sein, eine Verbindung haben, die über Raum und Zeit hinweg geht. Wenn wir nun davon ausgehen, dass die allgemein anerkannte Urknalltheorie stimmt, wonach sich das ganze Universum mit all dem sich darin befindlichen Leben aus einem einzigen kleinen Etwas entwickelte, das begann, sich in immens großer Geschwindigkeit auszudehnen, dann ist hiermit die These berechtigt, dass wir alle mal EINS waren. Und dank der Quantenverschränkung ist somit wiederum erwiesen, dass wir alle miteinander verbunden sind, auch wenn wir das nur zu oft nicht wahrhaben wollen.

Zurück zum WingTsun

Von meinem Si-Fu habe ich in den vergangenen zwei Jahrzehnten ein sehr facettenreiches WingTsun gelernt. Mein Si-Fu hat von GM Kernspecht und von GM LeungTing gelernt. Das WingTsun von GM LeungTing ist geprägt durch aggressives Vorgehen.

GM Dr. Kernspecht ist schon länger davon abgekommen. Er hat aufgrund seiner eigenen Recherchen, der Zusammenarbeit mit Prof. Horst Tiwald und nicht zuletzt der praktischen Studien nahezu aller bekannten und sogar unbekannten inneren Stilen ein WingTsun entwickelt, welches ohne aggressives Vorgehen auskommt.

Was ich aber von meinem Si-Fu GM Schembri gelernt habe, sieht nochmals etwas anderes aus als das WingTsun von GM Dr. Kernspecht. Beide folgen denselben Prinzipien und Funktionen, unterscheiden sich jedoch in ihrer Größe. Deswegen ist es nicht verwunderlich, dass sich ihre Bewegungen optisch unterscheiden. Denn anders als GM Dr. Kernspecht ist mein Si-Fu meistens kleiner als sein Trainingspartner, wodurch er den WingTsun-Gesetzen folgen muss, welche in dieser Situation zum Tragen kommen.

Die Idealvorstellung eines gewaltlosen WingTsuns

Ich persönlich bin auf der Suche nach einem WingTsun, welches in letzter Vollendung gewaltfrei sein könnte. Wenn man gewaltfrei sein will, darf das Modell, welches dem Bewegen zu Grunde liegt, kein Wirken auf den Gegner beinhalten.

In diesem Modell muss es ausschließlich um sich selbst gehen, um seine eigene Sphäre, welche vom Gegner im Idealfall nicht durchdrungen werden kann. Der Gegner arbeitet stets gegen sich selbst.

Alles, was er versucht, soll ihm selbst die Balance rauben, wirkungslos an mir abprallen, verpuffend neutralisiert werden oder mich verfehlen. Man bietet dem Gegner keinen Widerstand und keine Angriffsfläche. Man gibt aber auch nicht lasch nach und kollabiert seine Sphäre.

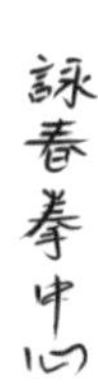

Das Erklärungsmodell eines WingTsun der Mitte

Will man der Gewalt mit Gewaltlosigkeit begegnen, muss man für sich absolut in der Mitte und im absoluten Gleichgewicht sein. Die Suche nach einem Erklärungsmodell für ein solches WingTsun-Bewegen führte mich zur Heiligen Geometrie.

Sehr schnell erahnte ich, dass die Lösung irgendwo in diesem uralten Wissen stecken könnte. In der Heiligen Geometrie geht es um die Geometrie des Universums, um geometrische Formen, welche im Sinne der Fraktalität im Kleinen wie auch im Großen gelten, und so das Universum und alles darin Vorkommende aufbauen.

Wichtig ist die Erkenntnis, dass die Natur und das Universum immer dem Prinzip des Gleichgewichts und der Mitte folgen. Alle vier universalen Grundkräfte der Physik bzw. der Natur (Gravitation, Elektromagnetismus, starke und schwache Wechselwirkung) folgen für sich und untereinander immer in irgendeiner Form dem Prinzip von Mitte und Gleichgewicht.

Überall dort, wo etwas über längere Zeit konstant ist, herrscht eine Form von Gleichgewicht. Gleichgewicht ist das Grundprinzip, welches Leben überhaupt erst ermöglicht. Die Heilige Geometrie beschäftigt sich damit, die fundamentalen geometrischen Formen zu ergründen, die aus energetischen Gleichgewichten Materie aufbauen.

Da diese Pattern fraktal sind, also sowohl im Kleinen wie auch im Großen zu finden sind, erkannte ich intuitiv, dass ein Modell für ein WingTsun der Mitte, das in letzter Vollendung ohne destruktive Energie auskommt und potentiell gewaltfrei sein kann, in der Heiligen Geometrie zu finden sein muss.

Das VE als sphärisches Modell für ein WingTsun der Mitte

Im Kapitel zur Heiligen Geometrie habe ich das Vectorequilibrium und seine Verbindung zum 64-er-Tetraeder, dem Torus und zur Blume des Lebens aber auch zum TaiChi-Symbol aufgezeigt. Das Vectorequilibrium repräsentiert das vollkommene Gleichgewicht mit dem absoluten Nullpunkt im Zentrum. In diesem Zentrum herrscht absolute Ruhe und doch unendliches energetisches Potential.

Der Zusammenhang zwischen dem menschlichen Körper und dem Goldenen Schnitt sowie die Tatsache, dass der WingTsun-Grundstand, der IRAS, wie das Vectorequilibrium auf der geometrischen Form des gleichseitigen Dreiecks beruht, führte für mich persönlich zum Gedanklichen Durchbruch, den ich in den nachfolgenden Kapiteln ausführen werde.

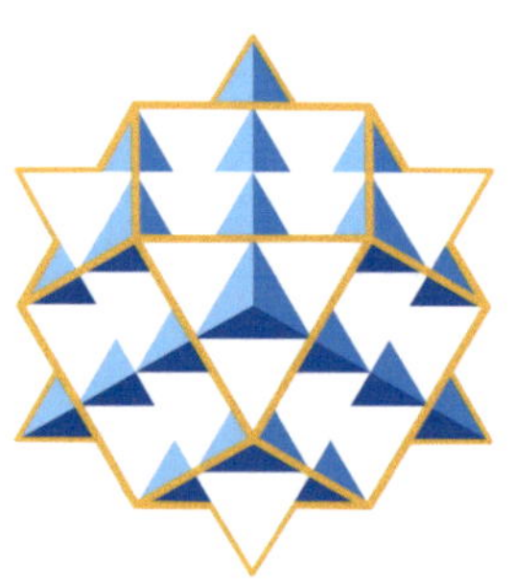

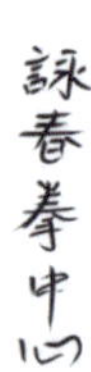

Der IRAS als Basis des Ganzkörper-Vectorequilibriums (der Ganzkörpersphäre)

Als ich mit WingTsun anfing, war die Rede vom Zusammenhang des chinesischen Schriftzeichens für „Zwei" und dem IRAS. Das chinesische Schriftzeichen für „Zwei" besteht aus zwei parallelen Strichen. Der obere ist kürzer als der untere.

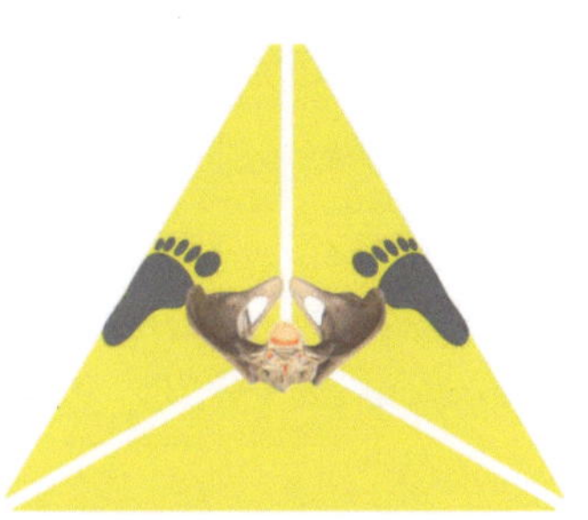

Man steht dann korrekt im IRAS mit einem 60-Grad- Winkel, wenn die Verbindungslinie der beiden kleinen Zehen und die Verbindungslinie der beiden Fersen-Außenkanten zusammen das chinesische Schriftzeichen „Zwei" ergeben.

Ob es mir so erklärt wurde oder ob ich es selbst so interpretiert hatte, weiß ich nicht mehr. Jedenfalls sah ich das gleichseitige Dreieck immer in der Art und Weise, wie ich es als grüne Fläche nebenan dargestellt habe. In diesem Fall bestünde jedoch kein energetisches Gleichgewicht.

Mit der Hinzunahme des Vectorequilibriums und des Gedankens der Mitte veränderte sich mein Verständnis für den Stand und das Basisdreieck, was letztlich die Grundlage für die Erkenntnis des Ganzkörper-Vectorequilibriums (kurz GVE) bildete.

Ich fing an, mit der Fußlänge als Basis-Längeneinheit zur Ausmessung des Körpers zu experimentieren. Dabei erkannte ich, dass die Fußlänge im Körper immer wieder als Maß auftritt. Ich erkannte, dass das gleichseitige Dreieck, welches die energetische Basis für den Stand bildet, eine Seitenlänge von vier Fußlängen aufweisen muss. Dabei befinden sich die Füße mittig auf den Seitenlinien.

Aus diesem Basisdreieck lässt sich ein Vectorequilibrium konstruieren, dessen Mittelpunkt (absoluter Nullpunkt) sich genau mit dem DanTien also dem Massenzentrum des Körpers deckt. Die Gesamthöhe dieses VE's erreicht den obersten Scheitelpunkt der im IRAS stehenden Person.

Die Natur ist geometrisch nicht ganz perfekt. Es gibt immer leichte Abweichungen, wie zum Beispiel, dass jemand überdurchschnittlich große Füße hat. Misst man aber eine größere Menschengruppe aus, so wird der Durchschnitt etwa dieser universellen Abmessung entsprechen.

Mit der Erkenntnis, dass der IRAS das Basisdreieck eines körpergroßen Vectorequilibriums mit dem absoluten Nullpunkt auf Höhe des DanTien bildet, veränderte nicht nur schlagartig meine Sichtweise auf das biomechanische Bewegen im WingTsun, sondern lieferte mir auch das Verständnis für den, von den chinesischen Heilern als makrokosmischer Kreislauf bezeichneten Energiefluss und für die Symbolik von Yin und Yang (TaiChi-Symbol) und deren direkten Praxisbezug.

Ich habe diese Aspekte kurz auf Seite 28 u. 29 im Kapitel Heilige Geometrie und in der Anatomie auf Seite 80 u. 81 angesprochen. Da ich mich im weiteren Verlauf des Buches auf die Biomechanik eines potenziell gewaltlosen WingTsuns konzentrieren will, gehe ich hier nicht mehr weiter darauf ein.

Retrospektiv betrachtet ist es für mich logisch und gar nicht anders möglich. Wenn Funktion und Struktur untrennbar miteinander verbunden sind, voneinander abhängen, und der Torusfluss das energetische Grundprinzip von allem sein soll, so muss dieser Fluss auch in der Struktur, also in der Form des Körpers, irgendwo wiederzuerkennen sein. Anders formuliert:

In einem fraktalen Universum, welches aus einem Energiefeld besteht, dessen kleinster Baustein ein VE ist, muss der menschliche Körper dieses fundamentale Prinzip auch auf makroskopischer Ebene und somit in seinem Erscheinungsbild tragen, da er sonst gar nicht hätte aus dem Energiefeld hervorgehen können.

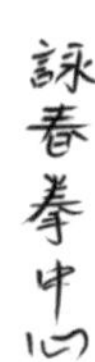

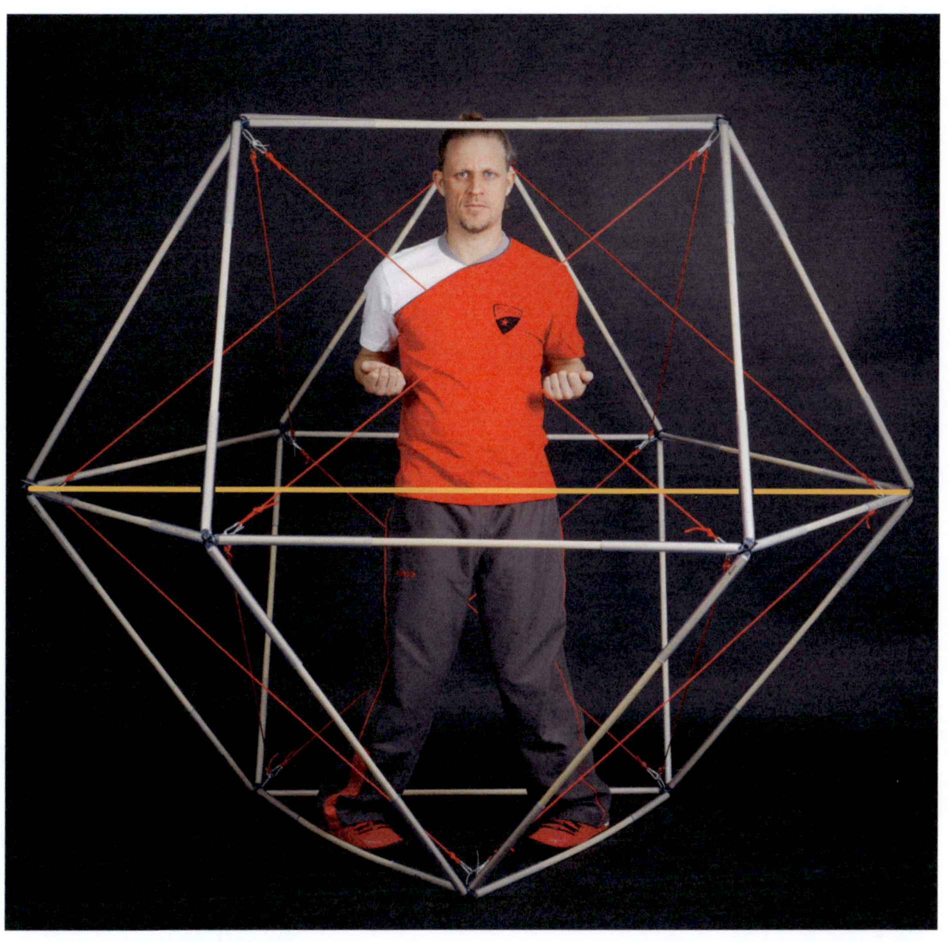

Die gelbe Linie zeigt, wie der Äquator des GVE's
auf der Höhe des DanTiens, dem Massenzentrum
des Körpers verläuft.

*(„Die Kameraoptik - leicht von oben - lässt die
Line auf demBild etwas zu tief wirken")*

Das GVE bildet physisch und energetisch die Grenze unserer Reichweite, wenn wir in der Mitte sind.

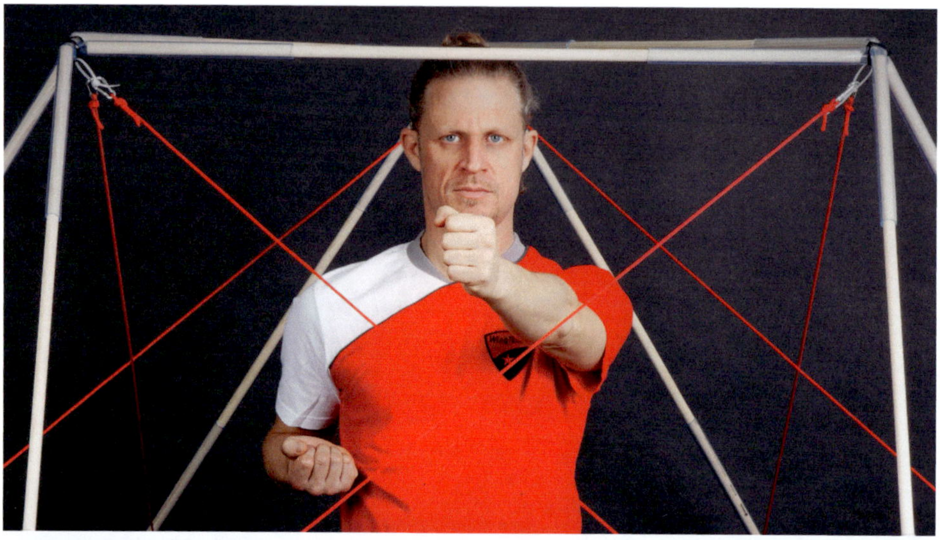

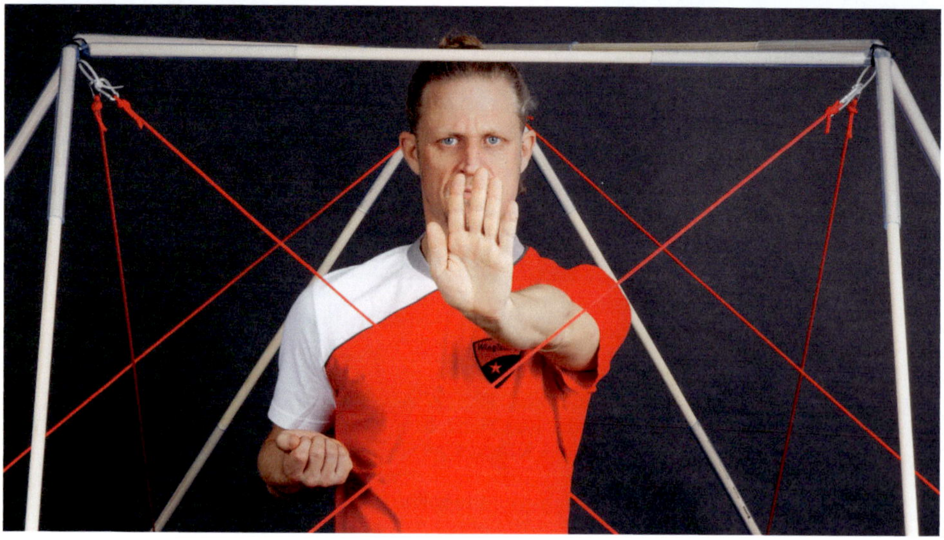

Die vordere Quadratfläche des GVE schneidet den ausgestreckten Arm beim Fauststoß und beim Handflächenstoß auf Höhe des Handgelenkes.

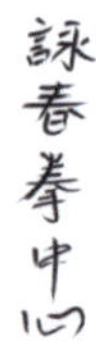

90

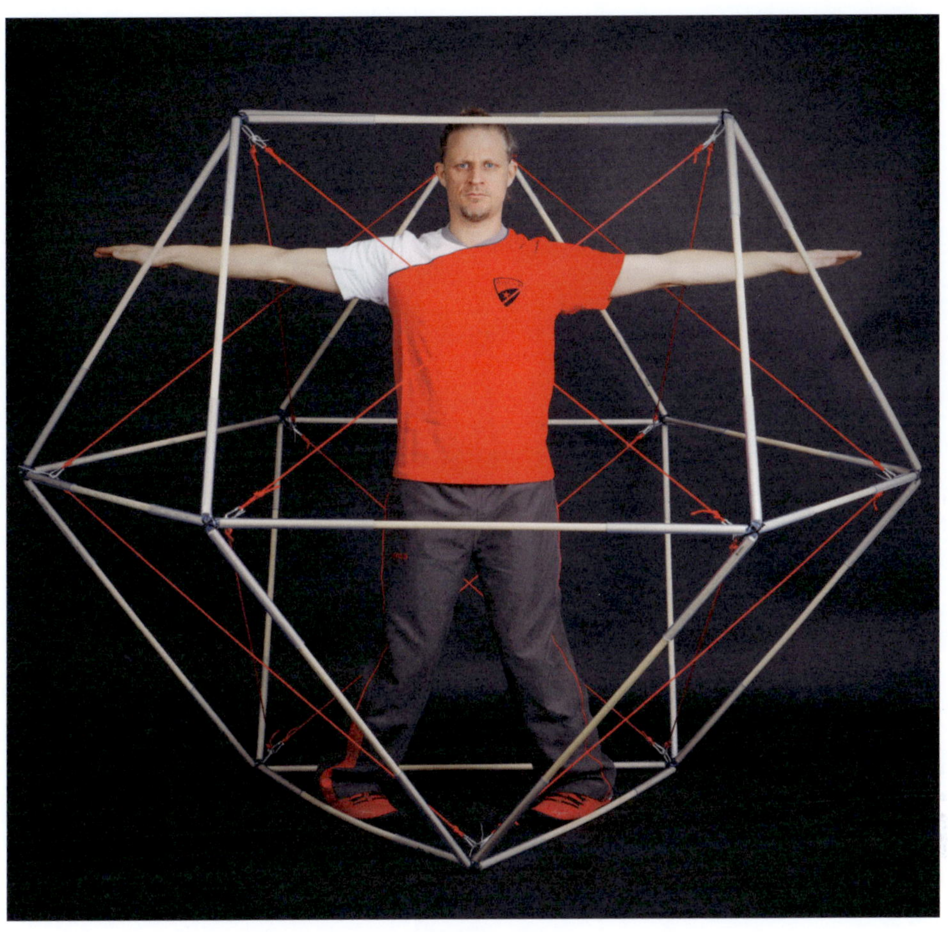

Auch beim doppelten FakSao schneiden die Quadratflächen der Sphäre den Arm auf Höhe der Handgelenke.

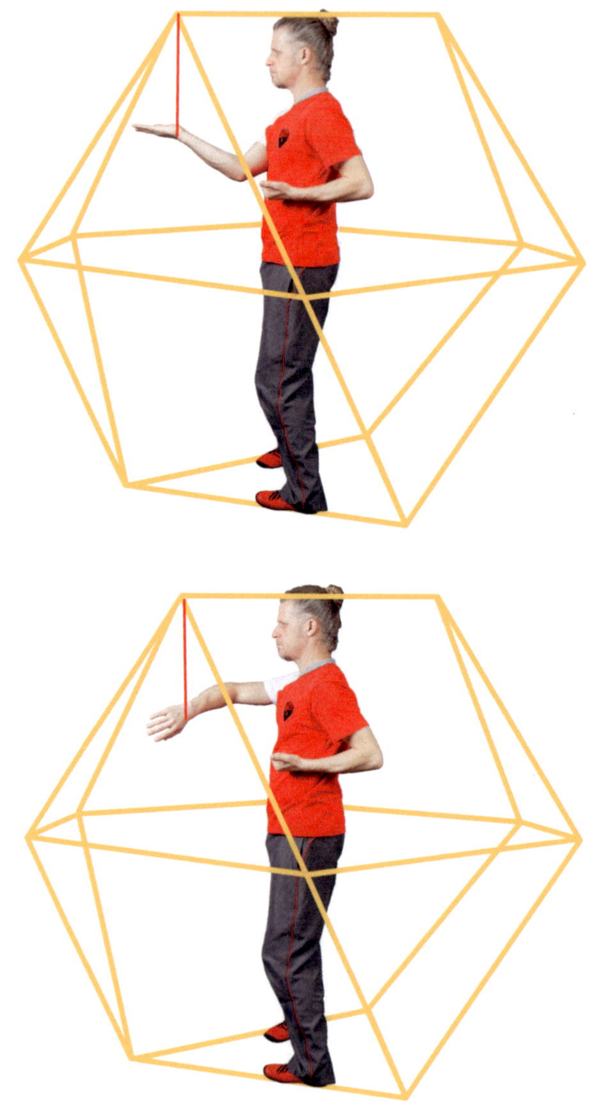

Sowohl beim TanSao wie auch beim BongSao befindet sich das
Handgelenk genau unterhalb der oberen Frontalkante des GVE's.
(siehe rote Linie)

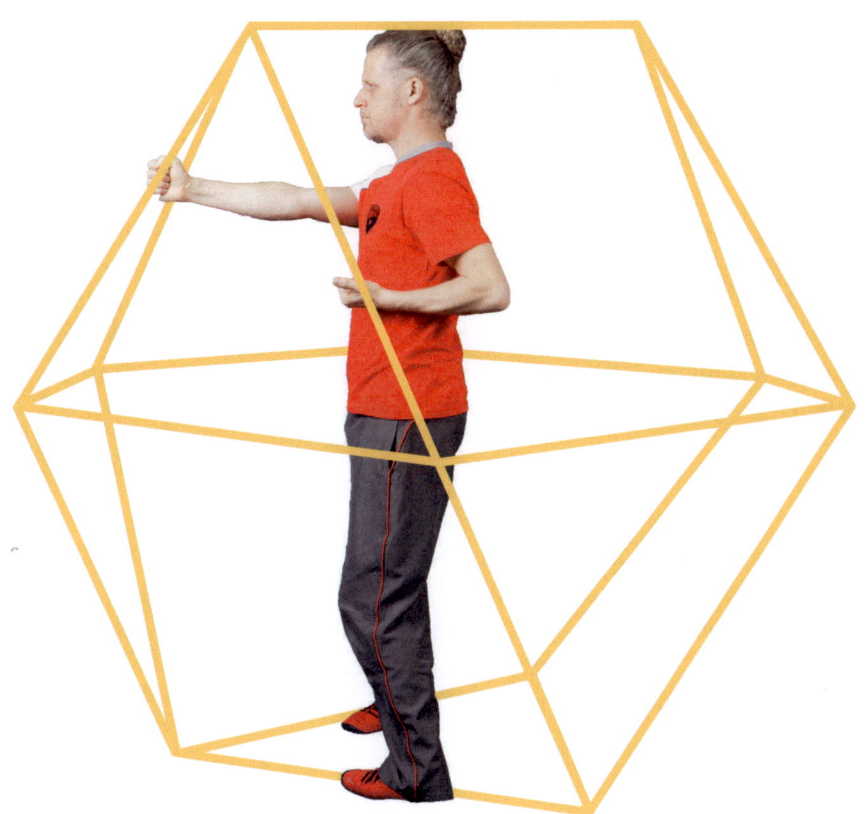

Hier sieht man schön wie die Faust die Fläche des vorderen Quadrates durchstößt und der Arm diese auf Höhe des Handgelenkes schneidet.

Die Fußlänge als Maßeinheit im menschlichen Körper

Die Fußlänge spielt für den menschlichen Körper eine wichtige Rolle. Die Länge des Unterarmes von der Ellbogenbeuge zum Handgelenk entspricht ebenso der Fußlänge wie Länge des Oberarms von der Ellbeuge bis zur Schulter. Auch der Kopf hat die Länge eines Fußes.

Der Durchmesser des Schultergürtels beträgt zwei Fußlängen. Der Abstand zwischen dem DanTien und Brustspitze sowie der Abstand zwischen der Brustspitze und dem Halsgrübchen beträgt ebenfalls eine Fußlänge. Die Fußlänge scheint für den Körper also die fundamentale Seitenlänge für den Tetraederbaustein zu sein, welcher den 64er-Tetraeder und somit das GVE aufbauen.

Dies ist wichtig zu verstehen. Denn wie wir im Kapitel zur Heiligen Geometrie schon gelernt haben, ist jeder Eckpunkt das potenzielle Zentrum eines Vectorequilibriums jeglicher Dimension. Ein für das WingTsun sehr wichtiger Zentrumspunkt und somit das Zentrum des wichtigsten Vectorequilibriums für den Kampf mit den Armen liegt auf dem Brustkorb, auf der Höhe des Solarplexus, vor dem sogenannten schwachen Zentrum im innerenm Zentrum des Brustkorbes.

Das kleine Vectorequilibrium des Oberkörpers (KVE)

Das kleine Vectorequilibrium beschreibt unsere für den Kampf oder besser für das ChiSao relevante Sphäre. Die Kantenlänge des kleinen VE entspricht der Länge des Fußes, also der Kantenlänge des Basis-Tetraeders hinsichtlich des Aufbaus des Körpers.

Das Basisdreieck dieses VE's ist auf Höhe des DanTiens, der Äquator befindet sich auf Höhe des schwachen Zentrums und das obere Dreieck auf Höhe des Halsgrübchens bzw. der Schlüsselbeinoberkante. Auf der Ebene des Äquators bildet ein VE ein gleichmäßiges Sechseck.

Dieses Sechseck können wir auch mit unserem Armen formen, indem wir die Finger überlappend halten – die Fingerwurzeln sind auf der Zentrallinie – und die Ellbogen so locker wie möglich halten. Der Abstand zwischen dem Brustbein und den Händen entspricht in dieser Position dem Durchmesser des Brustkorbes, was wiederum einer Fußlänge entspricht. In

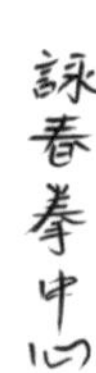

94

Bezug auf das GVE deckt sich die vordere Kante vom Äquator des kleinen VE's mit der oberen vorderen Kante des GVE's. Man könnte nun kritisch bemerken, dass diese Armposition in keiner klassischen WingTsun-Form vorkommt.

Wäre sie so grundlegend, dann müsste sie wohl vorkommen. Wer die Gesundheits-SNT nach Dr. Leung Jan kennt, dem ist diese Armposition jedoch sehr wohl aus dieser Form bekannt. In der Gesundheits-SNT hält man den nach vorne gehende FookSao im dritten Satz auf diese Art, während man sich vorstellt, einen Energieball aufzublasen und endet exakt in der Position vom Äquator des kleinen VE's, bevor man den Arm wieder zurückzieht. Das kleine Vectorequilibrium des Oberkörpers, kurz KVE, wie ich es nenne, bildet das sphärische Modell für die im ChiSao und somit im Kampf relevante Sphäre.

Dessen absoluter Nullpunkt liegt auf dem Brustbein auf Höhe des schwachen Zentrums, ist also auf dem Körper und nicht innerhalb des Körpers. Dies mag im ersten Augenblick verwirrend wirken, macht aber, wenn man es aus der Perspektive des ökonomischen Umgangs mit Kraft und Energie anschaut, Sinn.

Leitet man Energie am Körper ab, wird man weniger von der Energie beeinflusst oder gestört, als wenn man diese durch den Körper ableitet. Im absoluten Gleichgewicht soll uns eine äußere Energie nicht erreichen können. Somit muss der absolute Nullpunkt in dieser Position außerhalb unseres Körpers liegen.

Wir kommen später genauer darauf zurück, vorab muss ich aber der Vollständigkeit halber auf die Stabilitätsgrenzen eingehen.

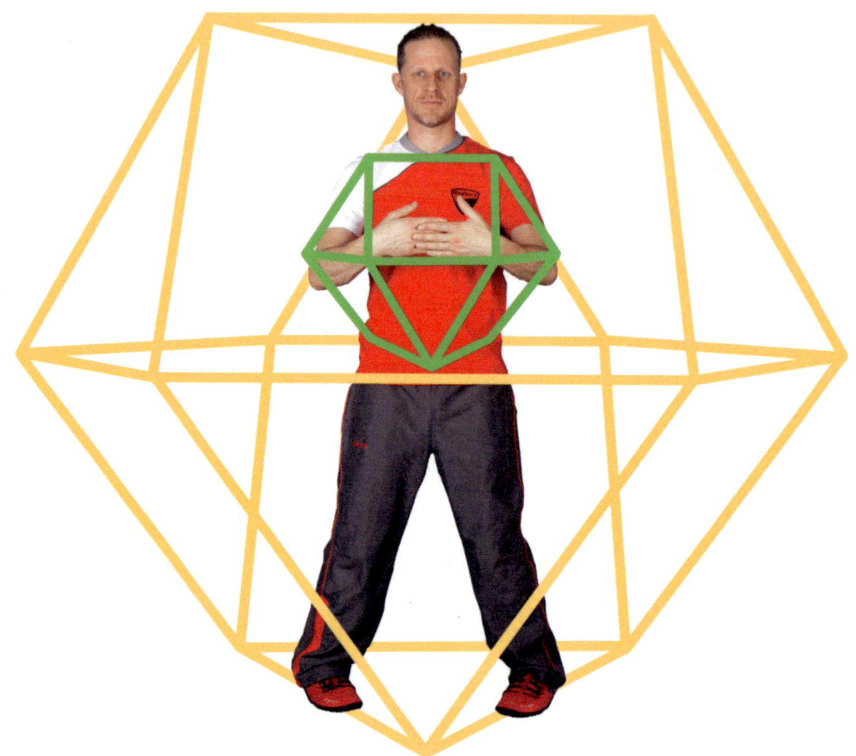

Das Bild zeigt das GVE (gelb) und das KVE des Oberkörper (grün)
Das GVE ist aus der Seitenlänge von vier Fußlängen aufgebaut, das
KVE des Oberkörpers aus der Seitenlänge von einer Fußlänge.

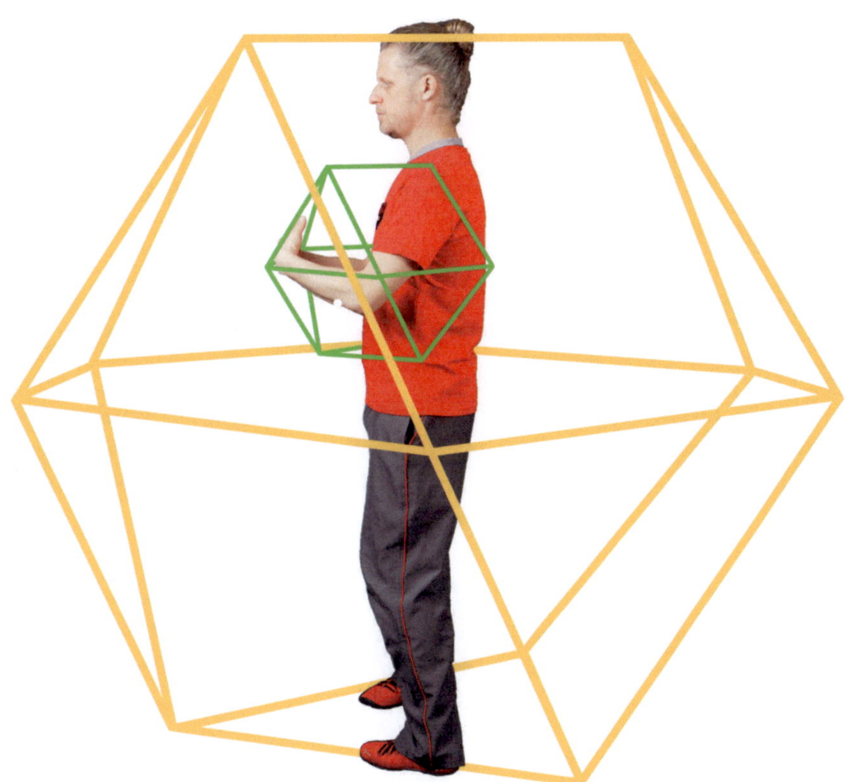

Das Bild zeigt das GVE (gelb) und das KVE des Oberkörpers (grün) von der Seite.

Man sieht hier schön, dass das Zentrum und somit der energetische Nullpunkt des kleinen VE's auf der Brust, also außerhalb des Körpers liegt. Die Vorderkante des kleine VE's erreicht die Oberkante des GVE's.

Die Stabilitätsgrenzen

Die Stabilitätsgrenzen wurde von den alten Meistern des WingTsun im Praktischen intuitiv erkannt. Man unterscheidet hauptsächlich zwischen der vorderen und der hinteren Stabilitätsgrenze in der Sagittalebene, da diese beiden für den Kampf die Wichtigsten sind. Es gibt aber auch Stabilitätsgrenzen in der Frontal- und in der Horizontalebene.

Im WingTsun decken sich die Stabilitätsgrenzen der Sagittalebene mit der ManSao- und der WuSao-Position der Vorkampfstellung. Ein Übertreten der Stabilitätsgrenzen führt zu Anfälligkeit für Gleichgewichtsverlust. Man wird leicht ziehbar im Falle des Übertretens der vorderen Stabilitätsgrenze und entsprechend leicht stoßbar bei Übertretung der hinteren Stabilitätsgrenze. Aber auch hinsichtlich der Schlagkraft spielen die Stabilitätsgrenzen eine wichtige Rolle.

Startet man einen Schlag außerhalb der hinteren Stabilitätsgrenze (also näher am Körper als eine Handlänge), so geht der Schlag wortwörtlich nach hinten los. Der Ellbogenwinkel ist dann so eng, dass die Schlagenergie nicht zielgerichtet über den Arm die Faust erreichen kann. Man drückt sich selbst nach hinten weg.

Bei der vorderen Stabilitätsgrenze verhält es sich betreffend der Schlagkraftentwicklung anders und doch ähnlich. Je gestreckter der Arm ist, desto mehr bildet sich zwischen dem Arm und dem Oberkörper ein rechter Winkel. Je rechtwinkliger Arm zum Oberkörper steht, umso größer wird die Rückschlagkraft, also die direkte Reflexion der Schlagenergie beim Aufprall auf das Ziel, welche durch den eigenen Arm zurück zur eigenen Schulter geht.

Der optimale Aufprallwinkel im Ellbogen, um möglichst viel Schlagenergie und möglichst wenig Rückstoß zu erzeugen, befindet sich dementsprechend in der Mitte zwischen den beiden Stabilitätsgrenzen. Die eben beschriebenen Zusammenhänge zwischen Schlagkraftentwicklung und Stabilitätsgrenzen beziehen sich auf eine reine Armbewegung.

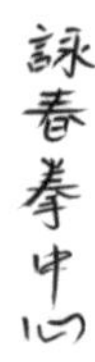

Ja, man könnte auch näher am Körper als an der hinteren Stabilitätsgrenze starten und trotzdem Schlagkraft entwickeln. In diesem Fall müsste man aber mit dem Körper eine Korrekturbewegung durchführen.

Um die Biomechanik des Bewegens im WingTsun der Mitte richtig verinnerlichen zu können, halte ich es aber für unabdingbar, die Arme und den Körper vorerst getrennt zu analysieren und deren Grenzen separiert zu erfassen. Nur so ergibt sich ein komplettes Bild der ganzheitlichen Biodynamik.

Gedanken zum Durchstrecken des Ellbogens in Form und Kampf

In vielen Kampfsystemen wird der Arm in Formen und Katas nicht voll durchgestreckt und der Ellbogen bleibt leicht gebeugt. Im WingTsun ist das anders. Mein Si-Fu hat immer betont, dass er in den Formen für das volle Durchstrecken des Ellbogens ist, da ein Stoppen an der vorderen Stabilitätsgrenze dem Übenden antrainiert, den Schlag unnatürlich zu stoppen.

Im WingTsun wollen wir bekanntlich durch den Gegner hindurch schlagen. Schon Bruce Lee hatte betont: „Das Ziel liegt hinter dem Gegner." Deswegen folge ich meinem Si-Fu GM Schembri, wenn ich sage, dass man den Arm beim Fauststoß in den Formen unbedingt durchstrecken soll, um einen voll losgelösten Fauststoß zu erarbeiten.

Man soll sich aber bewusst sein, dass der Arm im Kampf nur dann weiter als die Stabilitätsgrenze nach vorne gestreckt wird, wenn man auf ein Hindernis, also auf den Gegner trifft. Das Erkennen der Stabilitätsgrenzen ist nicht die Aufgabe des zweiten Satzes der SiuNimTau und somit nicht die Aufgabe des Fauststoßes.

Diese Aufgabe übernimmt der dritte Satz, welcher auch der langsamste Satz ist und dem Übenden auf diese Weise viel Zeit gibt, sich selbst zu beobachten.

Da in der SiuNimTau so viel Essenzielles steckt, werde ich die SiuNimTau in einem späteren Kapitel noch genau auseinandernehmen und betreffend ihre sensomotorischer Lernziele durchleuchten.

Die Vorkampfstellung und der universelle Bauplan

Auch in der Vorkampfstellung bzw. in den Stabilitätsgrenzen steckt universelle, geometrische Logik. Wir haben bereits gehört, dass die Anatomie des Menschen überall dem Goldenen Schnitt folgt. Dass sich die ManSao auf der vorderen und die WuSao auf der hinteren Stabilitätsgrenze befindet, haben wir auch gesehen.

Auf der Höhe der WuSao würde sich auf der Äquatorhöhe der Sphäre ein Fünfeck bilden. Aus dem Fünfeck ergibt sich das Pentagramm, der fünfzackige Stern (oder auch die Pflaumenblüte), mit seiner wichtigen Verwandtschaft zum Goldenen Schnitt. Die dreidimensionale Sphäre hätte dann die Form des Ikosaeders. Ich werde das im Kapitel zur SiuNimTau noch weiter vertiefen.

Im Universum bewegt sich alles in Spiralen (everything is spinning). Spiralförmige Bewegung bildet die energetische Dynamik im Innern des Torusfeldes. In der Natur sehen wir Spiralen überall, wo Energie fließt. Man denke an Wasserstrudel, Wirbelstürme oder an Galaxien. Meine Forschungen auf den Gebieten der Physiologie, der Philosophie, der Heiligen Geometrie haben mir immer wieder Indizien geliefert und bestätigt, dass alles Eins ist, wir in einem fraktalen Universum leben und alles, was ist, universellen Prinzipien folgt.

Ein sehr wichtiges Prinzip, welches ich schon mehrmals zitiert habe, ist das hermetische Prinzip der Entsprechung: „Wie oben, so unten.“ Und so war es für mich nicht verwunderlich, als ich in der Vorkampfstellung des WingTsun die Goldene Spirale, auch Fibonacci-Spirale genannt, erkannte.

Hält man die ManSao horizontal, lässt die WuSao wie in der SiuNimTau fallen und zeigt mit den Fingern dann horizontal Richtung Brustkorb, so widerspiegeln die Arme genau diese Spirale. Die Spirale des universellen Bauplanes, des universellen Energieflusses.

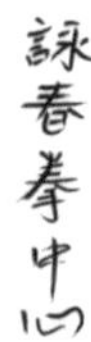

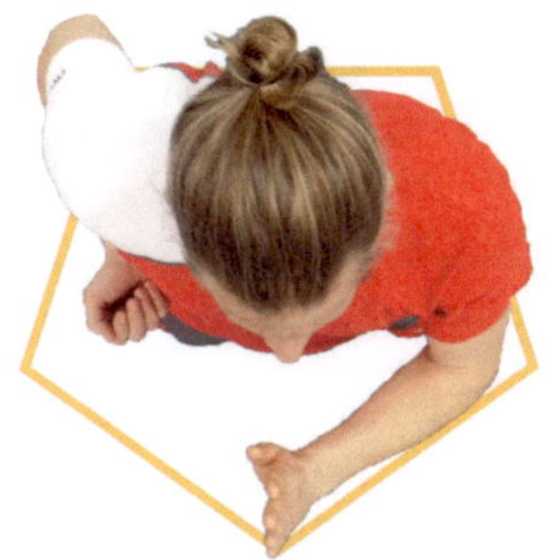

Die WuSao ist eine Handlänge von der Brust
entfernt auf Höhe der hinteren Stabilitätsgrenze.

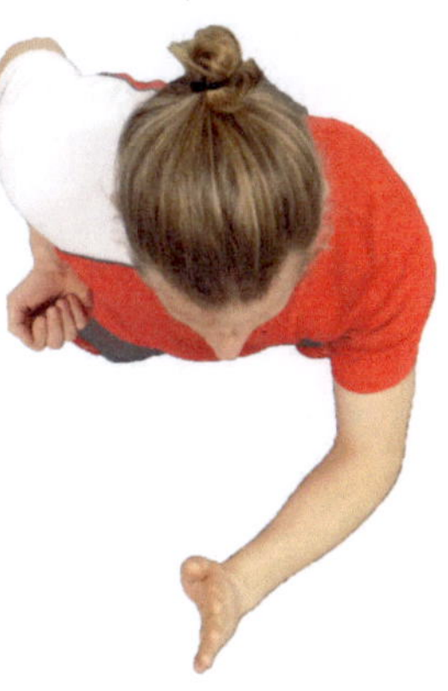

Die ManSao ist zwei Handlänge von der Brust
entfernt auf Höhe der vorderen Stabilitätsgrenze.

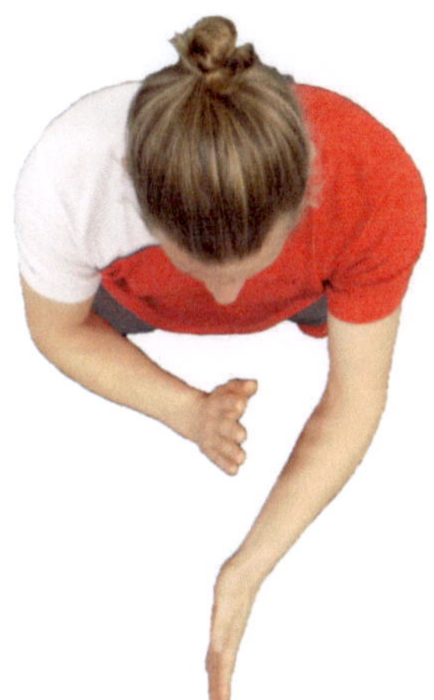

Die Vorkampfstellung des „Rechtshänders"
auf den Stabilitätsgrenzen.

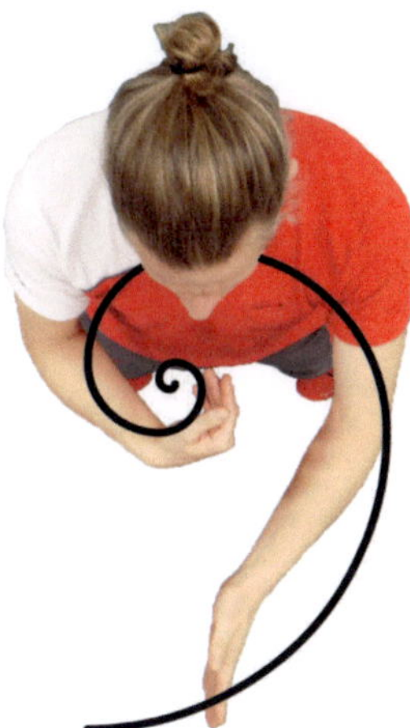

Das Bild rechts zeigt den Zusammenhang zwischen
der Goldenen Spirale und der Vorkampfstellung
auf.

Die Stabilitätsgrenzen sind nicht im energetischen Gleichgewicht

Grundsätzlich habe ich ein sehr gutes Auge für Winkel und Räume. Als ich angefangen habe, meine Theorie vom Vectorequilibrium als kampfrelevante Sphäre zu untersuchen, dachte ich am Anfang, das kleine Vectorequilibrium würde an die vordere Stabilitätsgrenze reichen.

Erst als ich anfing, die Vectorequilibirien als dreidimensionale Modelle zu bauen, erkannte ich, dass das kleine Vectorequilibrium des Oberkörpers nur bis in die Mitte zwischen der vorderen und der hinteren Stabilitätsgrenze reichte, also wie schon erwähnt bis eine Fußlänge vom Brustkorb entfernt.

Anfangs war ich aufgrund dieser Tatsache verwirrt und fing an, mein ganzes Modell zu hinterfragen. Aber dann wurde mir klar, dass es gar nicht anders sein kann. Was bis an eine Grenze reicht, kann nicht im Gleichgewicht sein. Wer an die Grenze geht, muss die Mitte verlassen oder anders ausgedrückt:

Eine Grenze kann nicht in der Mitte sein. Eine Grenze ist ihrer Natur nach immer einer von zwei Polen in einer, auf Polarität beruhenden Beziehung. Das Gleichgewicht liegt dabei immer in der Mitte zwischen den beiden Polen. Und so ist es eigentlich ganz klar, dass die Sphäre des absoluten Gleichgewichts in der Mitte zwischen der vorderen und hinteren Stabilitätsgrenze liegen muss.

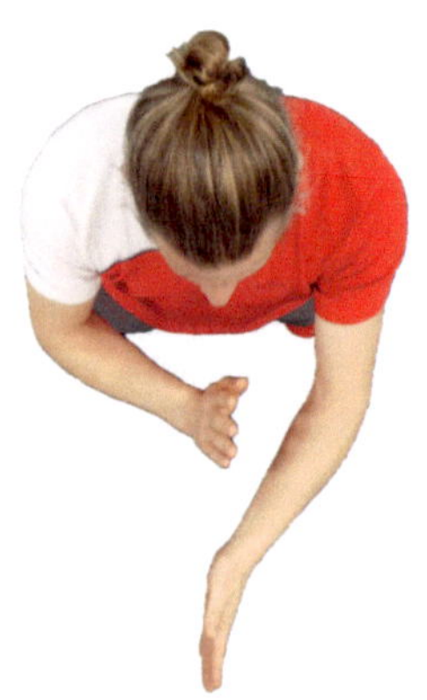
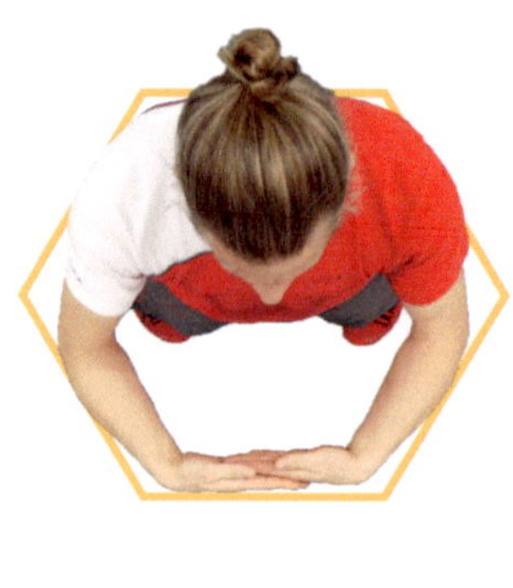
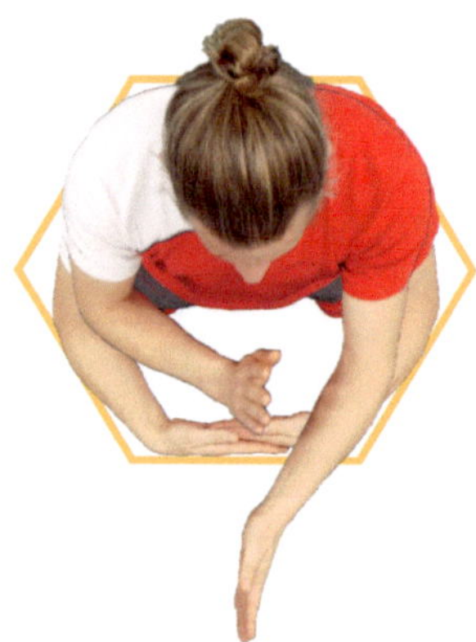

Die funktionale Nutzung des Vectorequilibriums als kampfrelevante Sphäre

Um zu verstehen, wie das Vectorequilibrium als kampfrelevante Sphäre zum Einsatz kommt, greifen wir nochmals auf die Forschungen und Erklärungen von Buckminster Fuller und seinen Jitterbug des Vectorequilibrium zurück. (Definition Jitterbug des Vectorequilibriums Seite 42)

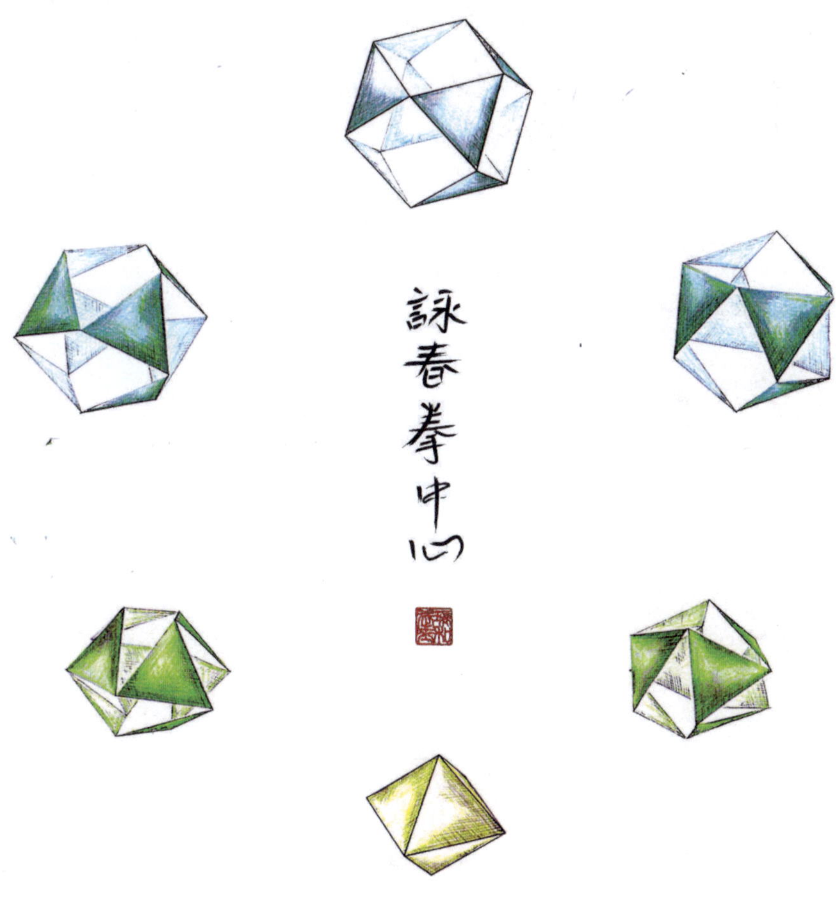

Der WingTsun Jitterbug

Als ich den Jitterbug von Buckminster Fuller zum ersten Mal sah, war mein erster Gedanke:

„Das ist die exakte biomechanische Erklärung für das WingTsun, wie ich es mir vorstelle."

Grundsätzlich handelt es sich beim WingTsun Jitterbug um eine Ganzkörperbewegung. Der Einfachheit halber werde ich diese vorerst nur anhand der Armbewegung, sphärisch gesprochen am kleinen Vectorequilibrium des Oberkörpers, erklären. Außerdem gehen wir von einem kampftechnisch eher unwahrscheinlichen Angriff aus, nämlich dass der Gegner gleichzeitig und gleichmäßig an beiden Unterarmen in Richtung unseres schwachen Zentrums, im Zentrum des Brustkorbes, drückt. Ich wähle diese Ausgangslage aus folgenden zwei Gründen:

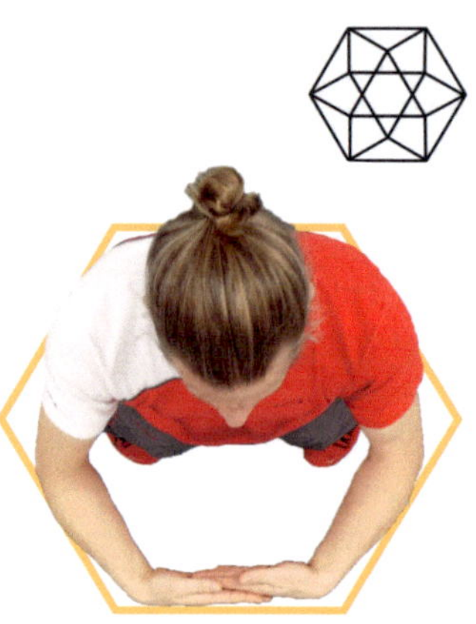

- Anhand dieses Settings lässt sich die Biomechanik hinter dem WingTsun-Jitterbug am einfachsten aufzeigen.

- Dieses Setting ist nebenbei eine gute Grundübung, um dieses biomechanisch kluge Bewegen zu erkennen, verstehen zu lernen und zu verinnerlichen.

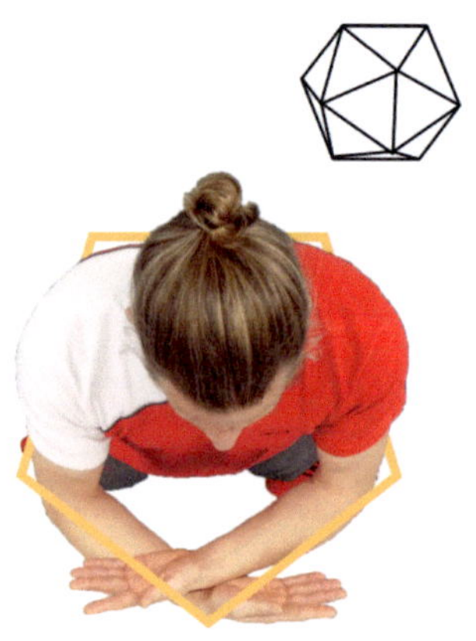

Wir gehen davon aus, dass von Anfang an Kontakt mit dem gegnerischen Arm besteht, wir also aus dem ChiSao starten. Dabei haben beide Partner ihre Arme beim Start auf der Äquatorhöhe ihres kleinen VE des Oberkörpers positioniert, also eine Fußlänge entfernt vor der Brust. In dieser Position bilden die Arme mit dem Oberkörper ein gleichmäßiges Sechseck, wobei die Ellbogen schwer hängen, Schulter entspannt sind und sich

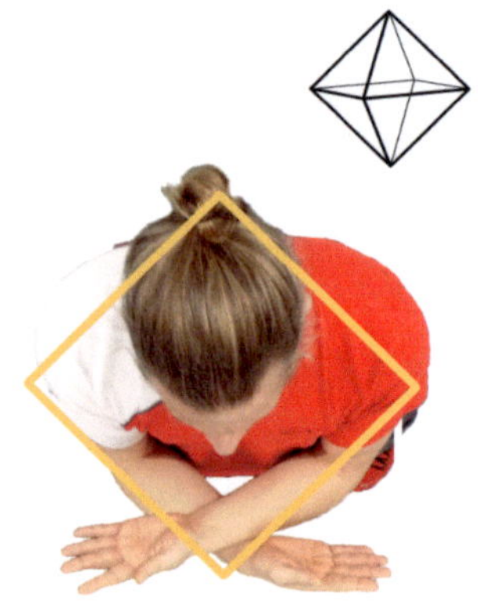

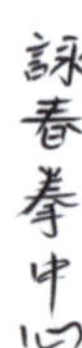

die Finger so weit überkreuzen, dass die Fingerspitzen die Fingerwurzel der anderen Hand erreichen.

Vom VE zum Ikosaeder

Drückt der Partner in Richtung schwaches Zentrum in unsere Sphäre hinein, verformen sich die Arme. Die Hände fließen in sphärischer Natur (wie bei einer Springform für Torten) übereinander, bis sie die Position des gekreuzten TanSaos erreichen. Dieses Aufnehmen von Energie ist viskoelastischer Natur. Das heißt, die potenzielle kinetische Energie, die während des Schrumpfprozesses zunehmend im System gespeichert wird, ist vom Gegenüber als zunehmende Zähheit betreffend das Nachgeben spürbar.

Das gleichmäßige Sechseck hat sich bei zunehmender Zähheit in ein gleichmäßiges Fünfeck und somit in die Sphäre eines Ikosaeder verändert. Die Kantenlänge blieb dabei unverändert, nämlich eine Fußlänge. Das Zentrum der Sphäre verlagert sich während des Schrumpfprozesses zunehmend in den Körper. Während es beim VE noch auf der Brustkorboberfläche lag, erreicht es im Stadium des Ikosaeders die Mitte zwischen der Brustkorboberfläche und dem Massenzentrum des Brustkorbes.

Vom Ikosaeder zu Oktaeder

Drückt der Partner weiter in Richtung schwaches Zentrum, so schrumpfen unsere Arme weiter zusammen, bis die Ellbogen die Rippen berühren und die Handgelenke die Mitte des anderen Unterarmes erreicht haben. Auch diese schrumpfende Verformung geschieht unter weiter zunehmender Zähheit und somit fortlaufender Speicherung von potenzieller Energie im System. In der Endposition, also wenn die Ellbogen die Rippen berühren, bildet der Körper mit unseren Unterarmen ein Quadrat und somit die energetische Sphäre eines Oktaeders.

Um den Oktaeder bzw. das Quadrat zu erkennen, muss man, mit gedachten Linien, die Handgelenke mit den Ellbogen und die Ellbogen mit dem Dornfortsatz des siebten Brustwirbels verbinden. Mit dieser Position hat unser System den Endpunkt erreicht, wo es sich nicht mehr weiter verdichten und so die gegnerische Energie nicht weiter absorbieren kann. Das Zentrum der Sphäre kam in der Verformung vom Ikosaeder zum Oktaeder weiter in den Körper hinein und erreichte beim Oktaeder das schwache Zentrum (oder auch leichte Zentrum), also das Massenzentrum in der Mitte des Brustkorbes. Mir persönlich gefällt der Begriff „schwaches Zentrum" besser als „leichtes Zentrum", weil dieser Massenpunkt im Zentrum des Brustkorbes wortwörtlich unsere „SCHWACHSTELLE" darstellt, wo wir sofort das Gleichgewicht verlieren, sollte der Gegner dieses Zentrum mit seinem Impuls oder Angriff erreichen können.

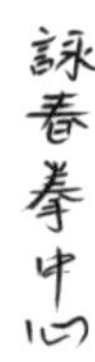

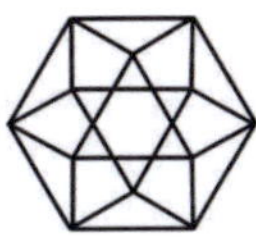

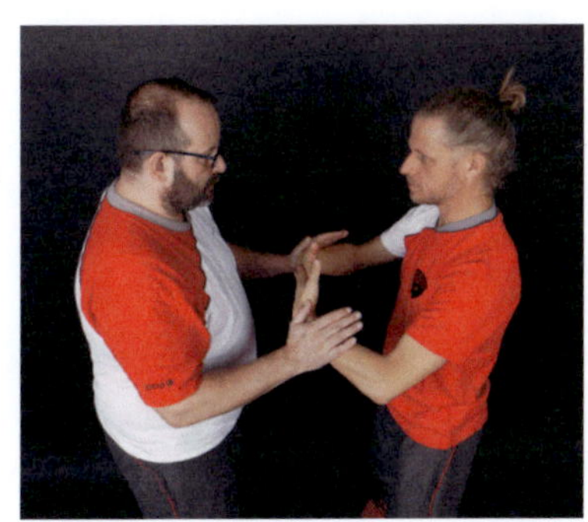

Das Sechseck bildet die Sphäre des KVE's, dessen Zentrum und absoluter Nullpunkt auf der Brust und somit außerhalb des Körpers liegt.

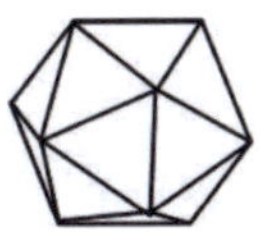

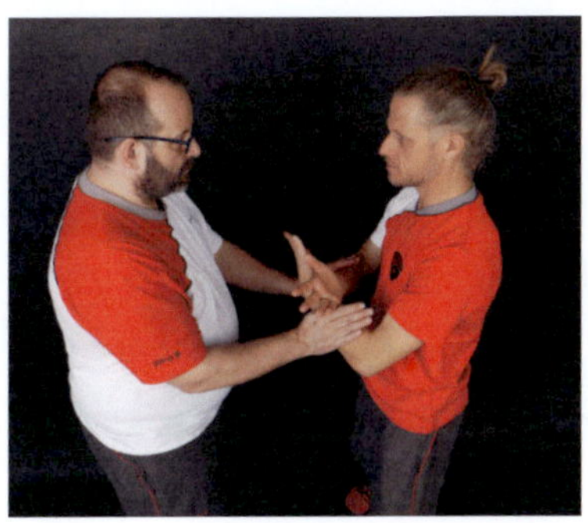

Das Fünfeck bildet die Sphäre des Ikosaeders. Das Zentrum der Sphäre hat sich in den Körper verlagert. Das Zentrum des Ikosaeders befindet sich im Brustkorb, in der Mitte zwischen der Brustkorboberfläche und dem schwachen Zentrum in der Brustkorbmitte.

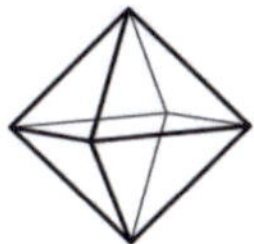

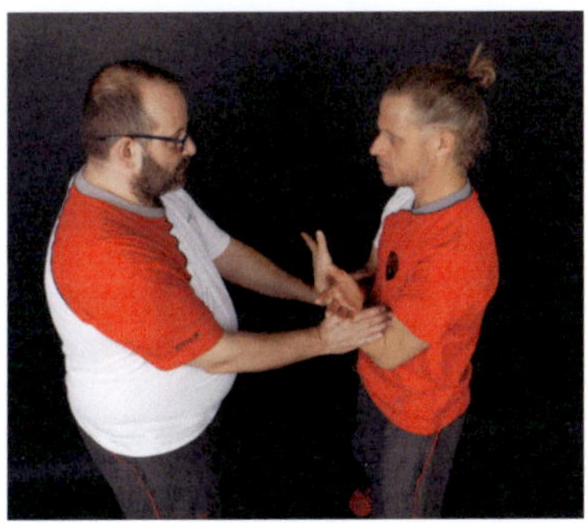

Das Viereck bildet die Sphäre des Oktaeders. Sein Zentrum deckt sich mit dem schwachen Zentrum in der Mitte des Brustkorbes.

Der eben beschriebenen WingTsun Jitterbug beschreibt das physische, aber gleichzeitig auch das energetische Nachgeben der Arme und die für den Kampf mit den Armen relevante Sphäre. Folgt man bei der Verformung dem Weg vom Vectorequilibrium zum Ikosaeder bis zum Oktaeder, bietet man dem Partner, welcher konstant auf das schwache Zentrum drückt, keine Lücke, während er sich mit zunehmendem Ausstrecken der Arme selbst mehr und mehr exponiert, da er seine Mitte verlässt.

Außerdem nimmt mit zunehmendem Ausstrecken der Arme der Rückstoß zu, also die direkte Reflexion der Kraft aufgrund der zunehmenden Annäherung zum rechten Winkel zwischen Oberkörper und Armen. Das heißt, dass die Energie, mit welcher der Partner nach vorne drücken kann, mehr und mehr abnimmt.

Die einzige Möglichkeit, wie der Partner die Energie aufrechterhalten könnte, wäre, indem er die Masse einsetzt und sich mit dem Gewicht hineinlehnt. Dann würde er jedoch anfällig für Balanceverlust werden.

Diese Form des sphärischen Nachgebens erfüllt die von mir angestrebten Kriterien eines gewaltfreien WingTsun, da die Energie des Partners ohne mein Wirken nach außen, zunehmend abgeschwächt und neutralisiert werden kann. Mein Gegner arbeitet stets gegen sich selbst. Entweder drückt er sich weg, oder er gibt seine Masse hinein und somit seine Balance auf, wodurch ich ihn nachgebend ableiten kann.

Die absoluten Grenzen – absoluten Pole

Nachdem wir den WingTsun Jitterbug der Arme kennengelernt haben, komme ich zu den letzten relevanten Grenzen, nämlich den absoluten Grenzen, im Sinne der Polarität gesprochen, zu den absoluten Polen. Diese liegen außerhalb der Stabilitätsgrenzen.

Der vordere absolute Pol ist definiert durch die maximale Reichweite der Arme, da wir nicht weiter ausreichen können als bis zum Punkt, wo die Arme gestreckt sind. Der hintere absolute Pol definiert sich auf der Sphäre des Oktaeders und befindet sich eine Faustlänge entfernt vom Brustbein.

Ohne mit dem Ellbogen seitlich auszuweichen, kann man die Hand oder die Faust nicht weiter zurückziehen, oder sich zurückdrücken lassen, da der

108

Ellbogen am Brustkorb ansteht. Wie bereits beim Jitterbug beschrieben, ist unsere Sphäre oder unser System an diesem Punkt maximal komprimiert. Jedes weitere Zurückziehen der Faust würde zum Kollabieren der Sphäre und somit dem Verlust der Mitte führen. Der Vollständigkeit halber möchte ich hier nochmals auf die Geometrie und den Goldenen Schnitt hinweisen. Ich habe vorher über den Zusammenhang der Vorkampfstellung und der Goldenen Spirale gesprochen. Wenn man aus der Vorkampfstellung die Goldene Spirale formt, erreichen die Fingerspitzen exakt den hinteren absoluten Pol.

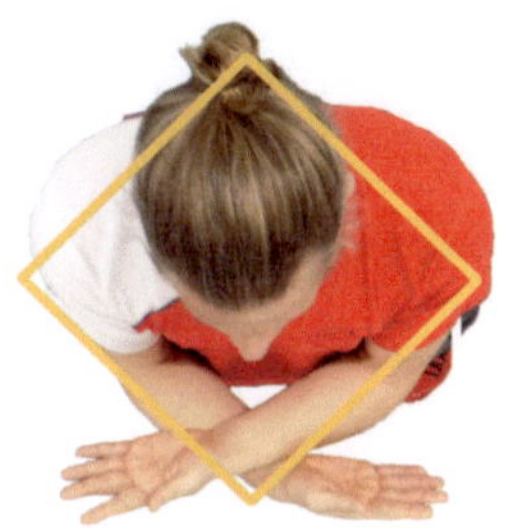
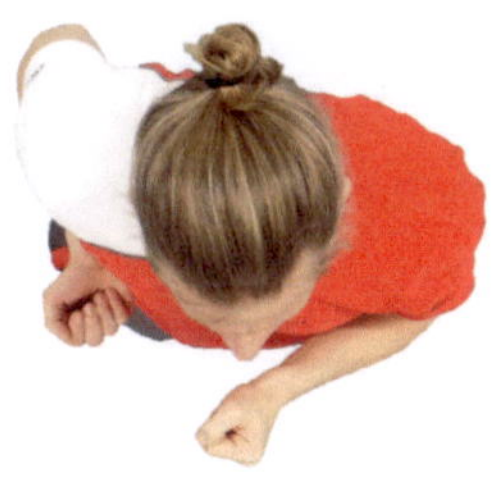

Die Hintere absolute Grenze ist eine Faustbreite vom Brustkorb entfernt. Der Ellbogen berührt die Rippen. Weiter kann der Arm nicht zurückgezogen werden.

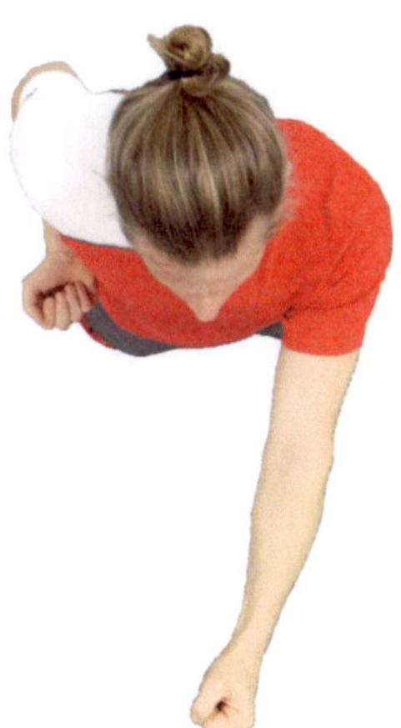

Die vordere absolute Grenze ist der gestreckte Arm. Wie wir gesehen haben, reicht die Faust gerade aus dem GVE hinaus.

Bevor ich den WingTsun-Jitterbug als Ganzkörperbewegung beschreibe, möchte ich erst den IRAS und meine biomechanische Überlegung zum Stand und der Beinspannung behandeln. Diese Grundlagen vereinfachen die Beschreibung des WingTsun-Jitterbug als Ganzkörperbewegung massiv.

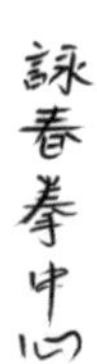

Der IRAS

Ich habe in den vorhergegangenen Kapiteln bereits darauf hingewiesen, dass der IRAS mit seiner Sechzig-Grad-Stellung der Füße das Basisdreieck des Gesamtkörper-VE darstellt und somit energetisch und biomechanisch viel Sinn macht. Es gibt aber bei genauer Betrachtung noch mehr rein biomechanische Gründe, warum der IRAS mit seiner Sechzig-Grad-Stellung sehr raffiniert und sinnvoll ist.

Um diese Raffinesse zu erkennen, schauen wir uns den ganzen Prozess vom „in den Stand gehen" bis zum fertigen IRAS genauer an und gehen diesen aus meiner Sicht so wichtigen Prozess Schritt für Schritt durch.

Der IRAS und das *„IN DEN STAND GEHEN"* ist meiner Meinung nach das meist fehlverstandene Element im gesamten WingTsun-System. Ich sehe den Grund für diese Tatsache in der sprachlichen Barriere und der daraus folgenden Instruktion. Als ich WingTsun angefangen hatte, bekam ich die Instruktion:

Ellbogen zurückziehen. Dann in die Knie gehen, die Füße auf den Fersen so weit nach außen drehen, wie es geht, dann das Gewicht auf den Vorfuß verlagern und die Fersen nach außen drehen, bis die Füße ein gleichseitiges Dreieck ergeben. Becken lotrecht kippen und Knie zusammenspannen.

Diese Art zu stehen ist höchst unnatürlich. Das Anspannen der Hüftadduktoren geht einher mit der Aktivierung der Beuger. Stehen bedeutet jedoch eine stoßende Arbeit gegen die Schwerkraft im Sinne eines Aufspannens des Körpers zwischen Himmel und Erde. Dafür notwendig ist primär die Arbeit der Streckmuskulatur.

Löst man sich von dieser geläufigen Instruktion der siebziger und achtziger Jahre und fasst die Natur des Bewegungsapparates ins Auge, also die natürliche Verschraubung des Beines (außenrotatorisch in der Hüfte, innenrotatorisch im Knie usw.), entsteht ein neues Verständnis für den Stand.

Selbstversuch:

Nachfolgende simple Übung habe ich von meinem Si-Fu GM Giuseppe Schembri gelernt. Sie vermittelt sehr eindrücklich, welchen Einfluss der geistige Fokus beim Durchführen einer Bewegung auf die Bewegung hat, und was für einen riesigen Unterschied eine Veränderung dieses Fokus auf das Endprodukt und die energetische Wirkung einer Bewegung haben kann:

Man drückt mit der Hand leicht gegen die Brust seines Partners, der aufrecht mit den Füßen zusammen steht. Man soll nur so stark drücken, dass der Partner stehen bleiben kann, ohne sich gegen die Hand zu lehnen.

Wenn man dem Partner nun die Instruktion gibt, er solle in die Knie gehen, wird dieser sein Gleichgewicht sofort nach hinten verlieren. Wiederholen wir den Versuch mit einer abgeänderten Instruktion.

Dieses Mal gibt man dem Partner die Instruktion, nicht in die Knie zu gehen, sondern sich auf das Becken zu konzentrieren. Das Problem betreffend die Instruktion der Bewegung ist, dass die Erwähnung von Knie oder Becken eine andere Bewegung auslöst. Der Partner soll sich also nicht auf die Knie sondern auf das Becken konzentrieren und nun sein Becken über den Füssen absenken.

Nun wird man merken, sofern man wirklich nur mit dem Arm drückt und nicht gegen die Brust des Partners lehnt, dass dieser automatisch eine bessere Struktur aufbaut und es den Drückenden wegdrückt, also dieser sein Gleichgewicht am Partner verliert, als ob er gegen eine Wand drücken würde. Der Grund für dieses Phänomen ist, dass das Alignment und somit die Struktur im Rumpf besser erhalten bleibt, wenn der Fokus auf dem Becken liegt. Aber auch diese Form des Absinkens des Beckens ist nach meiner persönlichen Erfahrung nur die halbe Wahrheit.

Die Analyse des WingTsun-Bewegens aufgrund meines biomechanischen Modelles der Mitte ließ mich die erste Bewegung der SiuNimTau nochmals viel differenzierter analysieren. Aufgrund meiner Bewegungsanalysen kam ich zum Schluss, dass man diese Bewegung auf zwei unterschiedliche Arten machen kann.

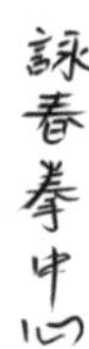

Ich unterscheide dabei eine Angriffsvariante und eine Verteidigungsvariante. Beide Varianten sind äußerlich, visuell nicht voneinander zu unterscheiden, da sie lediglich von ihrer Energie her anders sind.

Die Angriffsvariante – das Absenken des Beckens

Wenn man sich vom Becken ausgehend absenkt, verbindet man sich automatisch mehr mit dem Boden. Das Gewicht vom Oberkörper wird durch die Schwerkraft beschleunigt und die Energie wird über die Beine in den Boden abgeleitet.

Auf einer Waage lässt sich das überprüfen. Für den kurzen Augenblick, wo sich Becken und Oberkörper senken, also im Schwerkraftfeld beschleunigt werden, zeigt die Waage einige Kilos mehr an. Durch das Absenken entsteht zusätzliche Energie, welche wiederum vom harten Boden abprallt oder im Sinne einer Reaktionskraft reflektiert wird.

Diese Variante des Absinkens entspricht der Energie, welche beim sogenannten Fallingstep, also im Angriff zum Zug kommt. Man lässt sein Gewicht in den Boden fallen und nutzt sowohl das Fallgewicht als auch die Bodenreaktionskraft, um Power für den Schlag zu generieren.

Die Verteidigungsvariante – sich von der Mitte aus zusammenziehen

Bevor ich erkläre, was ich mit „sich von der Mitte aus zusammenziehen" oder auch „Füße in den Bauch saugen" meine, möchte ich der Vollständigkeit halber die verschiedenen Formen betreffend den Umgang mit gegnerischer Kraft besprechen.

Umgang mit gegnerischer Kraft

Es gibt verschiedene Arten, der Kraft des Gegners zu begegnen:

1. Dagegenhalten, durchbrechen:

Diese Art, der Kraft des Gegners zu begegnen, kann als der Weg des Stärkeren und Schwereren bezeichnet werden. Wenn man über mehr Kraft und Masse als sein Gegenüber verfügt, ist es möglich, die Kraft des Gegners einfach zu durchbrechen.

2. Das Ableiten der Kraft in den Boden:

Eine weitere Form, mit der Kraft des Gegners umzugehen, ist deren Ableiten in den Boden. Dabei organisiert man seinen Körper so hinter dem Kontaktpunkt, dass der Druck des Gegners in die Füße und somit in den Boden geleitet wird. In diesem Fall drückt der Gegner über unseren Körper in den Boden hinein.

Der Boden wird dabei zu unserem Partner und hilft uns auf zwei Arten: Einerseits drückt sich unser Gegner wie von einer Wand selbst weg, da er den Boden, in den er ja hineindrückt, auch mit noch so viel Kraft nicht bewegen kann. Andererseits kann der Boden als Partner genutzt werden, indem wir uns vom Boden wegdrücken und den Boden als festen Anker für die Entwicklung unserer Angriffskraft nutzen. Auf diese Weise unterstützen wir den Gegner mit unserer eigenen Kraft darin, sich vom Boden weg aus dem Gleichgewicht zu drücken. Diese Variante wird meines Wissens in vielen inneren Stilen praktiziert.

3.) Die Kraft wird im gesamten System neutralisiert:

Im Anatomieteil habe ich beschrieben, wie unser „Wissen" oder besser unser „Glaube" das Bild und somit auch unser Verständnis der Anatomie und der Funktion geprägt hat. Wer dem alten anatomischen Denken des 17. Jahrhunderts folgt und somit ein rein mechanisches Verständnis der Anatomie und Biomechanik zur Erklärung heranzieht, kann nur auf die Idee kommen, dass die Energie wie bei einer Säule oder bei einer Wand in den Boden übertragen und so abgeleitet werden muss.

Wer aber Biotensegrity als Modell benutzt, dem gehen ganz neue Türen betreffend Umgang und Neutralisation von Kraft auf. In einem Biotensegrity-System kann eine Energie oder Kraft gleichmäßig im System verteilt und so neutralisiert werden. Folgende Varianten sind vorstellbar:

Ein völlig von der Umwelt unabhängiger Biotensegrity-Körper

Verbindet sich der Biotensegrity-Körper NICHT mit seiner Umwelt, kann praktisch keine Kraft auf ihn bzw. in ihn hineinwirken. Es ist, wie wenn uns jemand in der Schwerelosigkeit zu stoßen versucht. Der Körper schwebt einfach angetrieben von der Energie weg und landet wieder, sobald die Energie verpufft ist.

Ein Biotensegrity-Körper, der mit der Umwelt in Kontakt steht

Ist der Biotensegrity-Körper mit der Umwelt in Verbindung, so muss die Energie auch nicht zwingend in den Boden abgeleitet werden. Zwingend würde die Energie nur dann in den Boden abgeleitet werden müssen, wenn die Kraft über die Kompressionselemente (im Fall eines lebenden Organismus die Knochen) abgeleitet werden würde.

Da in einem Biotensegrity-Körper die Kompressionselemente floaten und sich niemals berühren, kann die Kraft auch gleichmäßig im Körper verteilt, also absorbiert werden. Ein lebloser Tensegrity-Körper verformt sich natürlich nur dann, wenn er irgendwo gegengepresst wird. Ist das nicht der Fall, drückt es ihn, wie soeben beschrieben, einfach weg.

Wird der leblose Tensegrity-Körper gegen etwas, z.B. den Boden gedrückt, so leitet er die Kraft zwar in diesen ab, aber nur indirekt. Ein großer Teil der Kraft wird über Verformung im Gesamtsystem verteilt, während nur die überschüssige Restenergie, welche aktuell nicht vom System aufgenommen werden kann, in den Boden geleitet wird. Bei einem lebendigen Biotensegrity-Körper, der zusätzlich die Fähigkeit hat, sich selbst zusammenzuziehen oder auszudehnen, kann dieser Effekt durch kluges biodynamisches Bewegen sogar noch gesteigert werden und die Verbindung mit dem Boden aktiv verkleinert und klein gehalten werden.

Dies bedarf zuerst des Bewusstseinswandels, dass die klassische Mechanik der Physik NICHT der lebenden Biomechanik entspricht und nicht in jedem Fall als Grundlage für das Verständnis von dieser herangezogen werden kann.

Um zu verdeutlichen, was ich meine, machen wir eine theoretische Rechenaufgabe:

Wir bestehen aus 30'000 000 000 000 Zellen. Könnten wir 10'000 kg gleichmäßig in unserem System verteilen, so müsste jede Zelle nur 0.000000033 g aushalten.

Das ist natürlich nur rein rechnerisch möglich. Aber es ließ mich ein riesiges Potential erahnen, welches sich erschließen würde, wenn es Wege gäbe, wie man sich nicht mit dem Boden verbinden müsste, oder sich der Verbindung mit dem Boden entziehen könnte, sobald eine Energie auf die eigene Sphäre bzw. den Körper wirkt.

Dank meiner Erkenntnis betreffend des GVE habe ich erkannt, dass ich die Angriffsenergie tatsächlich bis zu einem gewissen Maße in meinem Körper verteilen kann, ohne diese in den Boden abzuleiten und mich so mit dem Boden zu verbinden. Der Schlüssel dazu liegt darin, dass man den Gegner nicht an seine Struktur, also an sein Skelett lässt. Stattdessen bietet man ihm eine Sphäre, wodurch er die Kompressionselemente, also die Knochen, nicht verbinden kann.

Fürs Verständnis:

Es ist einfach, eine strukturierte Masse von 70 kg, z.B. einen Holzstamm umzuwerfen. Es ist jedoch extrem schwierig, eine unstrukturierte oder wenig strukturierte Masse wie z.B. einen 70 kg Wackelpudding zu bewegen. Grund dafür ist, dass die Kraft im zweiten Fall nur auf eine Masse und nicht auf eine Form oder besser Struktur wirken kann.

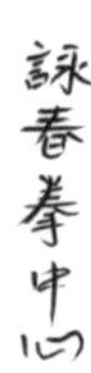

Zurück zur zweiten Variante des Beckensenkens – der Verteidigungsvariante

Auch diese Variante startet vom Becken, also vom Massenzentrum (DanTien) aus. Der entscheidende Unterschied ist die energetische Komponente. Hier lässt man sich nicht fallen und erzeugt Bodenreaktionskräfte. Hier zieht man die Füße vom Boden weg, indem man alles unterhalb des Massenzentrums, also das Becken und die Beine in sich hineinsaugt.

Man zieht sich also ganzheitlich vom DanTien aus zusammen. Durch dieses Zusammenziehen reduziert man die Kraft, mit der man auf den Boden drückt. Auf einer Waage stehend wird man dadurch, wenn auch nur für einen ganz kurzen Moment, leichter.

Es gibt eine Übung, um diesen Vorgang zu verstehen, diese durchführen zu können, braucht jedoch ein bisschen Arbeit und Praxis.

Vom Boden wegspringen, ohne hochzuspringen

Wenn man aus dem Stand die Füße vom Boden wegbringen will, wird man normalerweise hochspringen, also sich vom Boden abdrücken und den ganzen Körper in die Höhe katapultieren.

Es gibt aber noch eine zweite Variante, um dies zu erreichen, und zwar, indem man die Füße ganz schnell hochzieht, also die Beine über die Beugekette aktiviert und Richtung Zentrum saugt. Dabei kommen die Füße auch vom Boden weg, jedoch ohne dass der Rest vom Körper an Höhe gewinnt.

Es ist, wie wenn man ein Tischtuch schnell unter einer Gläserpyramide wegzieht. Aufgrund der Massenträgheit wird die Pyramide einfach stehen bleiben und nicht umfallen oder hochgeschleudert.

Macht man diese Bewegung „Einsaugen der Füße" langsamer, kommt die Massenträgheit nicht zum Zug. Man bleibt also nicht auf gleicher Höhe, sondern sinkt ab, ohne sich dabei mehr mit dem Boden zu verbinden. Im Gegenteil – die Verbindung zum Boden wird, während der Körper absinkt, sogar eher schwächer. So fühlt es sich zumindest an, wenn man die Bewegung mit dieser Vorstellung, also mit dieser Energie, ausführt.

Die Kraft aus dem Boden holen

„Man soll die Kraft aus dem Boden holen.“

Das ist eine weitverbreitete Aussage in den Kampfkünsten. Auch ich folge diesem Prinzip, gebe ihm jedoch eine völlig andere Perspektive.

Die physikalische Formel für Kraft ist Masse mal Beschleunigung.

$$(F = m\,a)$$

Wenn ich die Masse verringere, mit der ich gegen den Boden drücke, indem ich Gewicht in mich hineinsauge, hole ich wortwörtlich Kraft aus dem Boden. Somit verändere ich die Rolle des Bodens, welcher mir, während die gegnerische Kraft auf mich wirkt, lediglich als Kontaktpunkt dienen soll. Und wie für alle Kontaktpunkte gilt auch für den Boden:

„Am Kontaktpunkt soll die Achtsamkeit sein und nicht die Kraft.“

Diese Art des Absinkens – oder eben besser: des Füßeeinsaugens – hat den entscheidenden Vorteil, dass ich mich nicht mit dem Boden verbinden muss.

Viele Kampfkünstler sprechen darüber, dass sie die Energie des Gegners in den Boden ableiten oder für den Angriff die Energie aus dem Boden holen. Wer sich jedoch mit dem Boden verbindet und Energie in diese ableitet oder Energie aus dem Boden holt, gibt seinem Gegner automatisch auch eine Angriffsfläche, da eine Energieachse zwischen dem Boden und den Händen entsteht.

Solange man dem Gegner in Sachen technischem Geschick und oder Übungserfahrung überlegen ist, wird dies keine Rolle spielen, da man sich in diesem Fall dieser Angriffsfläche entziehen kann.

Ist der Gegner jedoch gleich achtsam, auf technischer Ebene ebenbürtig und womöglich auch noch kräftiger, bekommt man Probleme. In diesem Fall kann der Gegner einem auf dem hinteren Fuß festnageln, die Achse brechen und einem so das Gleichgewicht rauben.

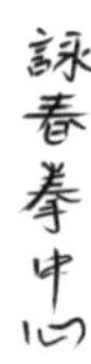

Der Boden ist nur Kontaktpunkt, nicht unser Partner

Aus meiner Sicht und der Sicht einer Biomechanik der Mitte, betrachten wir den Boden lediglich als Kontaktpunkt und nutzen ihn nicht als Partner. Der Mensch hat es, wie im Kapitel über Biotensegrity beschrieben, nicht nötig, sich mit der Umwelt zu verbinden.

Er bleibt dank der Tensegrity-Kräfte immer formstabil. Außerdem ist ein Ableiten in den Boden aus Sicht des WingTsun der Mitte wiederum ein **AUS SICH HERAUS WIRKEN.** Nach meinem Verständnis sollte man jedoch nie über seine energetische Grenze, seine Sphäre, sein GVE hinauswirken.

Wenn ich dem Prinzip der Mitte folgend mit der Energie des Zusammenziehens, also mit der Energie des „Füße zum Zentrum Saugens" arbeite, hat der Boden nur Kontaktpunktfunktion. In diesem Fall schiebt mich der Gegner nur vor sich her oder seine Energie wird absorbiert und der Gegner fühlt sich, als würde er einen Pudding von 70 kg verschieben wollen. Kommen wir zurück zum IRAS und gehen einen Schritt weiter.

In der klassischenHerangehensweise wird das Gewicht auf die Fersen verlagert, die Beine werden maximal nach außen gedreht. Dann wird das Gewicht nach vorne auf die Zehen verlagert und die Fersen bis zum Sechzig-Grad-Winkel der Füße nach außen gedreht.

Aus der Sicht eines WingTsuns der Mitte kann das nicht richtig sein, da man mit der Gewichtsverlagerung auf den Vorfuß und auf die Fersen bereits aus der Mitte kommen würde. Ich sehe in der gesamten Bewegung des „in den Stand Gehens" einen Prozess,bdie Mitte zu finden, und zwar in allen Ebenen.

Das Erforschen der Mitte des Beckens
Schaukeln

Es beginnt, wenn man mit den Füßen zusammen steht. Dort kann man durch das sogenannte Schaukeln die Mitte zwischen vorne und hinten, aber auch zwischen rechts und links finden. Das Schaukeln ist eine gute Übung und gehört eigentlich noch nicht zum Stand.

Dabei lehnt man sich so weit nach vorne, dass man gerade noch keinen Schritt machen muss. Man wird feststellen, dass die Aktivität der hinteren Körperseite immer mehr zunimmt. Die Aktivität breitet sich dabei ausgehend von der Wade über den hinteren Oberschenkel, das Gesäß und den Rücken von unten nach oben aus, bis hoch zur Spina Scapulae, der fast horizontalen Kante des Schulterblattes. Würde man sich dort noch weiter vorlehnen, würde ein Schutzschritt folgen.

In der gleichen Artreagiert der Körper, wenn man das Gewicht nach hinten verlagert. Die Aktivität breitet sich dann von unten nach oben, vom Schienbein ausgehend über den vorderen Oberschenkel, den Bauch, und den Brustmuskel aus, bis sie das Schlüsselbein erreicht. Würde man weiter nach hinten lehnen, würde wiederum ein Schutzschritt folgen.

So kann man vor und zurück pendeln und nach der Mitte suchen, wo sowohl die vordere als auch die hintere oberflächliche Silhouetten bildende Muskulatur entspannt wie eine schwere Jacke von den Schultern herunterhängen kann und wir im Sinne des makrokosmischen Kreislaufes nur durch die Wechselwirkung dieses Gewichts und der Corestability ohne großes Zutun stehen können.

Das wäre die Mitte.

SaoChong

Ist man in dieser Mitte angekommen, folgt mit der SaoChong-Bewegung bereits der erste Test, ob wir diese Mitte beim Bewegen halten können. Nur wenn die Schultern entspannt sind und man wirklich in der Mitte ist, kann man die Ellbogen zurückziehen, ohne eine Korrekturbewegung im Sinne Gewichtsverlagerung in Richtung Zehen oder Ferse zu machen.

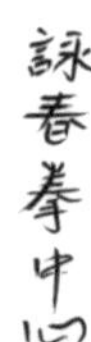

Die Schwere fühlen (Fallingstep)

Nachdem man die Ellbogen zurückgezogen hat, lässt man sich fallen. Diese Bewegung ist sehr klein. Man bringt die Energie quasi aus dem unteren Rücken in die Hüfte also auf Höhe der Trochanter.

Man spürt das recht gut, wenn man genau hinhört. Steht man gerade, fühlt man seine Trochanter (den großen Knochenpunkt seitlich am Bein auf Höhe der Hüfte) nicht. Lässt man das Becken fallen, so spürt man in diesem Bereich eine leichte Spannung.

Diese kleine Bewegung entspricht meiner Meinung nach der Fallingstep-Energie und lehrt uns, die ganze Masse im Sinne eines Angriffes fallen zu lassen und somit in einen Schlag hineinzubringen. In dieser Position haben wir analog zum Schaukeln (vordere/hintere Grenze - Mitte) die oberste Grenze des Standes erreicht.

Weiter sollten wir nie aus den Knien hochkommen, da wir sonst zu labil werden und leicht das Gleichgewicht verlieren.

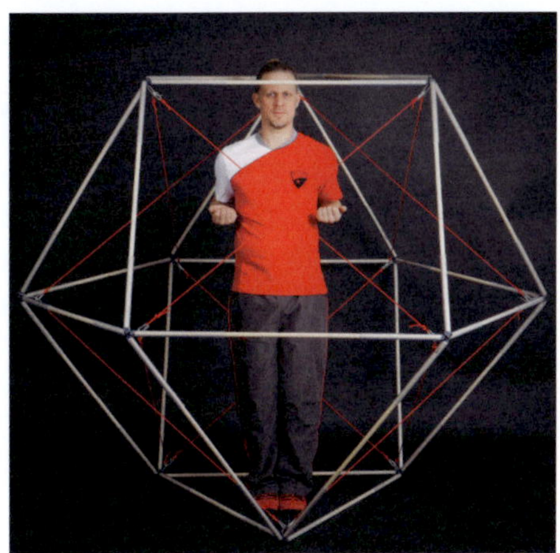

Mittiger Stand nach dem Schaukeln und der SaoChong-Bewegung. Man beachte die Höhe des Scheitels.

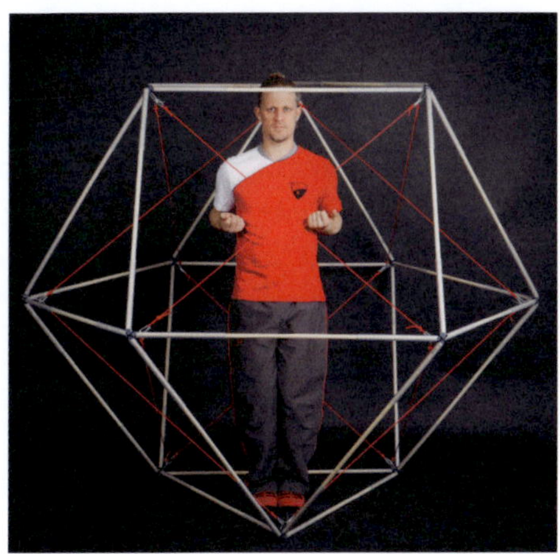

Nach dem Senken oder Fallenlassen des Beckens. Die oberste Grenze des Standes ist erreicht. Der Scheitel ragt immer noch über das GVE hinaus.

Das Öffnen der Füße

Hier ergaben sich durch meine Erforschung der Bewegungen und der Biomechanik gleich zwei Unterschiede zur klassischen Form in den Stand zu gehen. Den einen habe ich bereits angesprochen.

Dem Weg der Mitte folgend, möchte ich das Gewicht nicht auf die Fersen verlagern, wenn ich die Füße öffne. Mach ich das jedoch nicht, dann wird es kaum möglich sein, ohne viel Kraft die Füße zu öffnen, da dann zu viel Reibung gegenüber dem Boden entsteht.

Es gibt aber eine Möglichkeit, diese Reibung zu vermindern, nämlich durch die bereits angedeutete Methode, dem „In den DanTien Saugen der Füße". Gemeint ist das Zusammenziehen von allem unterhalb des Massenzentrums. Dadurch ergibt sich dann auch schon der zweite Unterschied zum klassischen „In den Stand gehen".

Wenn ich in den Stand gehe, senke ich mein Becken durch das Einsaugen der Füße nochmals weiter ab. Biomechanisch betrachtet macht dies total Sinn. Die wichtigsten Hüftbeuger (Iliopsoas, Sartorius) sind beides Außenrotatoren. Wenn ich also die Füße in den Bauch sauge, während ich die Füße nach außen drehe, folge ich optimal der menschlichen Anatomie, indem ich zwei Funktionen der Hüftbeuger (Beugung und Außenrotation) aktiviere.

In dem Moment, wo die Füße durch Einsaugen der Beine und Wahrung der Mitte die maximale Außenrotation erreicht haben, ist die unterste Grenze des Standes erreicht. Würde man noch tiefer absinken, würde das Becken weiter nach vorne kippen, wodurch wir das Alignment verlieren und instabil werden würden.

In dieser Position ist die Energie in die Knie gesunken. Man fühlt nun keine Spannung mehr beim Trochanter, dafür spürt man Spannung oberhalb der Knie am Oberschenkel. Außerdem spürt man Energie im untersten Punkt des Beckens, dem Perineum (dem Damm zwischen After und Geschlechtsorganen).

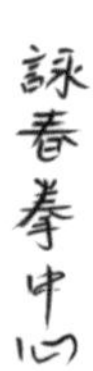

Das Schließen der Füße bis zu sechzig Grad

Nun dreht man die Fersen wieder nach außen, um in den IRAS zu gelangen. Auch bei dieser Bewegung bleibt das Gewicht, wie schon in den vorigen Bewegungen, in der Mitte der Füße.

Man wird feststellen, dass es leichtfällt, die Füße auf dem Boden zu drehen. Erst ab dem Punkt, wo die Füße wieder natürlich nach vorne zeigen, würde die Reibung wieder zunehmen. Behält man jedoch die einsaugende Energie im DanTien, wird das Plus an Reibung neutralisiert und die Bewegung bleibt leicht.

Sobald die Bewegung der Fersen nach außen zum Ende kommt und wir in die IRAS Position erreichen, wird das Becken wieder leicht nach oben gedrückt und wir gewinnen wieder an Körpergröße. Der gesamte Körper wird beim Erreichen des Sechzig-Grad-Winkels longitudinal (entlang der Dochtlinie aufgerichtet) und das Skelett einschließlich Fasziennetzwerk wird aufgespannt.

Mit dem longitudinalen Aufrichten wandert auch die Energie vom Perineum wieder nach oben und erreicht die Höhe des DanTien, sobald die sechzig Grad der Füße erreicht sind. Wir haben nun die absolute Mitte, das Nullzentrum der Beckenstellung, erreicht.

Misst man die Höhe des GVEs ab, wird man feststellen, dass dessen absoluter Nullpunkt sich genau beim DanTien ansiedelt, wo die Spannung zu spüren ist. Man spürt auch, wie die Beckenbodenmuskulatur und die Tiefenmuskulatur im Rumpf aktiviert ist und die Corestability zum Tragen kommt. Gleichzeitig entspannt sich der große Gesäßmuskel. Auch die übrigen oberflächlichen Muskeln (Quadrizeps und Wadenmuskulatur) können ihre Aktivität merklich runterfahren.

Das bestmögliche Entspannen dieser Silhouetten bildenden phasischen Muskeln bringt entscheidende Vorteile: Phasische Muskeln reagieren auf schnelle Impulse mit einer Schreckkontraktion, also einem reflexartigen Anspannen. Am klarsten sieht man das in der medizinischen Praxis, bei den neurologischen Tests der Muskeleigenreflexe, z.B. den Quadrizeps-Sehnenreflex.

Die Ausprägung dieser Reflexe ist von Mensch zu Mensch verschieden. Wenn ich Reflexe bei Menschen mit schlecht auslösbaren Reflexen testen will, kann ich die Reflexantwort verstärken, indem ich dem Patienten die Aufgabe gebe, die Hände so stark wie möglich zusammenzudrücken. Durch die erhöhte Grundspannung im bewegenden phasischen Muskelapparat, werden Muskeleigenreflexe verstärkt.

Durch das bestmögliche Entspannen der oberflächlichen Muskulatur im korrekt ausgeführten IRAS schafft sich der Übende eine gewisse Resistenz gegenüber reflexartigen Überreaktionen durch die Muskulatur, welche durch Impulse des Gegners ausgelöst werden können. Im Fall des großen Gesäßmuskels ist dessen Entspannung essenziell. Eine reflexartige Kontraktion dieses Muskels aufgrund eines Impulses bricht sofort unser Gleichgewicht und lässt uns die Mitte verlieren.

Als ich für mich anfing, den Prozess des „In-den-Stand-Gehens" auf diese Weise zu üben, beschritt ich neue Wege und traute mich am Anfang nicht, den Prozess nach diesen Richtlinien zu unterrichten. Folgende Erkenntnisse haben mich betreffend der Richtigkeit meiner Ausführung bestärkt und mir den Mut gegeben, auch offiziell zu dieser Ausführung zu stehen.

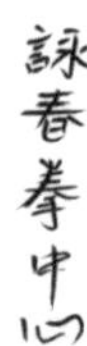

1.) Ich verbinde mich auf diese Weise am wenigsten mit dem Boden, und habe über den gesamten Bewegungsweg den geringsten Reibungswiderstand.

2.) Wenn man die Höhe des Trochanters am Anfang der Bewegung (oberste Grenze) dann nach dem Öffnen (unterste Grenze) und am Schluss im fertigen IRAS (Nullpunkt) misst, wird man feststellen, dass der Trochanter im IRAS wirklich in der Mitte zwischen den anderen beiden Messpunkten zu stehen kommt. Man erkennt dies auch an den untenstehenden Bildern. Im Bild 3 entspricht die Körpergröße nicht nur genau dem GVE, sondern auch der Mitte der Positionen auf Bild 1 und 2.

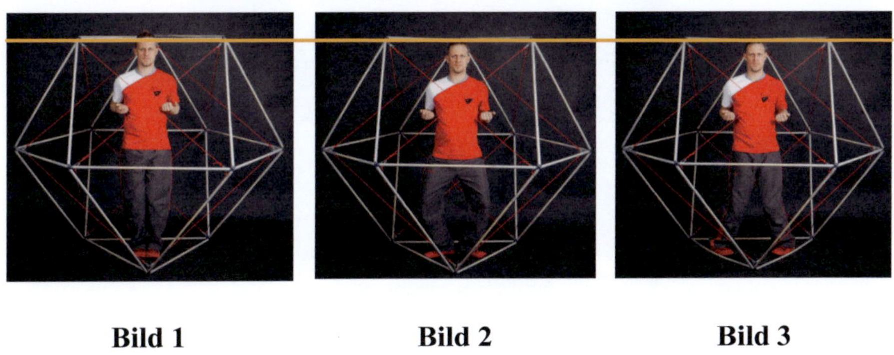

Bild 1   **Bild 2**   **Bild 3**

3.) Man folgt der natürlichen Biomechanik. Beugen ist immer mit Außenrotation gekoppelt, Strecken mit Innenrotation.

4.) Ich kann so aus meiner Mitte heraus, also aus dem starken Zentrum, in den Stand gehen, ohne Widerstand von der Umwelt zu erfahren und ohne mich unnötig mit der Umwelt zu verbinden.

5.) Drückt jemand konstant auf meine Brust, während ich so in den Stand gehe, wird seine Kraft in meinem starken Zentrum neutralisiert und sobald ich den IRAS erreiche, drückt es ihn weg.

Die Kraft kommt dabei nicht aus dem Boden, sondern aus der Rotation! Nicht der Boden projiziert über mein Zentrum zum Gegner. Die Rotationskraft AUF dem Boden wirkt über mein Zentrum zu ihm und lässt ihn sich selbst von mir wegdrücken. Würde die Kraft aus dem Boden kommen, könnte er mich auch am Boden fixieren und mein Alignment brechen.

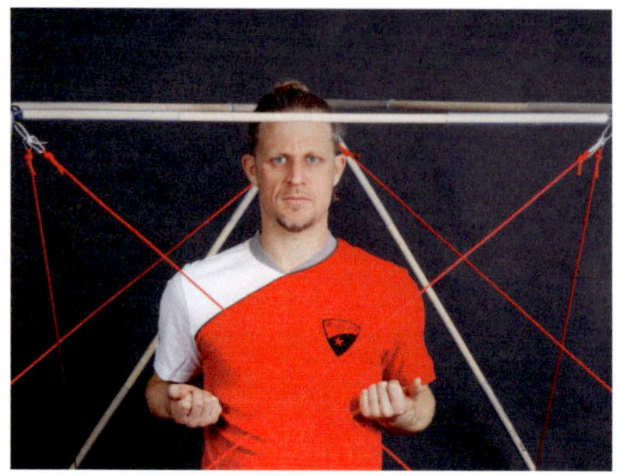

Bild 1

Die obere Grenze des Standes. Das Becken wurde mit der Fallingstep-Energie gesenkt, man steht leicht in den Knien. Der Körper ist in dieser Position leicht grösser als das GVE.

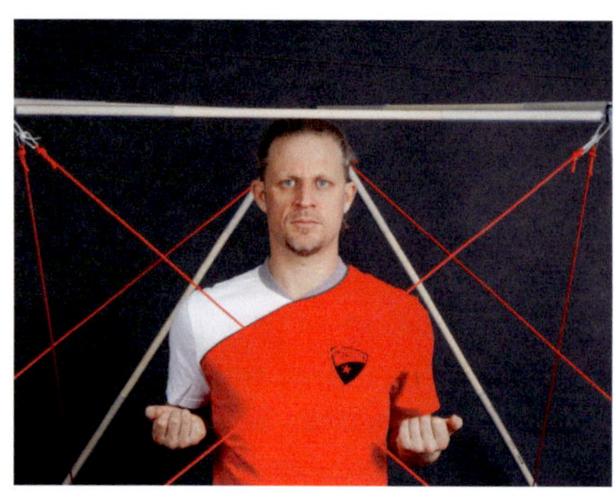

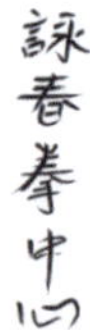

Bild 2

Die untere Grenze des Standes. Das Becken wurde durch ganzkörperliches Zusammenziehen vom DanTien aus, im Raum abgesenkt. Weiter kann man sich nicht mehr zusammenziehen, ohne das Becken aus der lotrechten Position zu kippen. Der Körper ist in dieser Position leicht kleiner als das GVE.

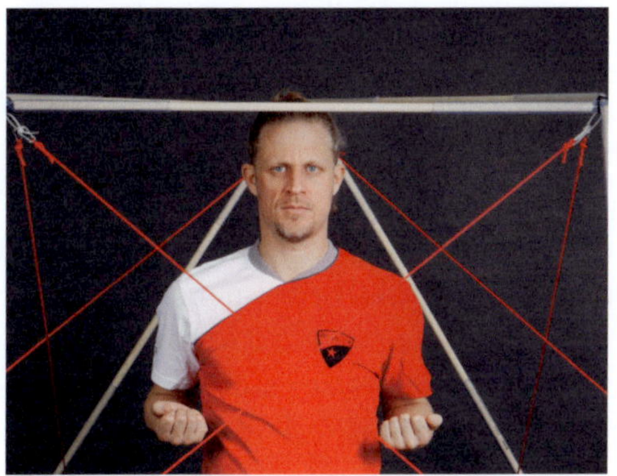

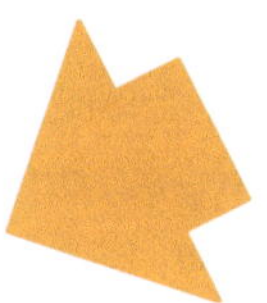

Bild 3

In der Mitte angekommen. In der letzten Phase vom in den Stand gehen, spannt sich der Körper durch die Rotationskraft auf dem Boden auf. Man spürt die Energie auf Höhe des DanTien, die oberflächlichen Muskeln sind bestmöglich entspannt. Die Körperhöhe erreicht genau das GVE.

Gedanken zur Beinspannung

Ich habe mich sehr viel mit dem Stand und auch mit den Formen befasst und bin
für mich persönlich zur nachfolgenden Erkenntnis betreffend der Beinspannung
gekommen.

Es ist biomechanisch eine Tatsache, dass Stoßen (Strecken) an die
Innenrotation und Ziehen (Beugen) bei den Beinen an die Außenrotation
gekoppelt ist. Wenn wir von der Idealvorstellung eines gewaltlosen WingTsun
der Mitte ausgehen, so wollen wir uns nicht mit dem Boden verbinden oder ihn
als Quelle für die Kraftentwicklung anzapfen, sondern nur als Kontaktpunkt
behandeln.

Um nicht in den Boden zu wirken, mit ihm in Verbindung zu gehen und
doch die Möglichkeit zu haben, sich im Raum zu bewegen, muss man sich der
neutralen Energie der Rotation bedienen. Die Rotation kann als neutral
betrachtet werden, da deren Wirkung nicht in der Schwerkraftlinie wirkt. Diese
Rotationsenergie entsteht nicht in den Füßen, sondern im Zentrum, beim
Becken, durch Innenrotation der Hüften.

Durch das Zusammendrehen der Beine entsteht ein energetisches
Spannungsfeld zwischen den Füßen. Diese Energie kann als Bewegungsenergie
genutzt werden. Der rechte Fuß schraubt in Richtung des linken und umgekehrt.
Der Stand wird so zum Resultat zweier entgegengesetzter Bewegungen (nach
rechts und links). Anders ausgedrückt:

Man bewegt sich über Rotationskraft, welche entlang des Bodens und nicht
in den Boden wirkt, gleichzeitig nach rechts und nach links, deswegen bleibt
man ruhig stehen.

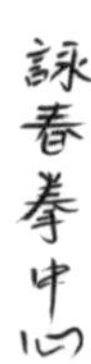

Je besser die Achtsamkeit im schweren Zentrum konzentriert wird, umso kleiner ist die Reibung und somit die Verbindung, welche mit dem Boden entsteht, ohne an Bewegungsenergie einzubüßen. Diese Zusammenhänge sind schwer zu beschreiben und viel einfacher in Übungssequenzen zu erfahren. Gerne werde ich diese energetischen Zusammenhänge in gezielten Seminaren weiter vertiefen .

Unnatürlich? Keineswegs

Diese Art der Bewegungsentwicklung ist die natürlichste der Welt! Erinnern wir uns an die Ausführungen zur Muskulatur im Anatomieteil. Entgegen der geläufigen Meinung braucht ein Muskel für die Kontraktion keine Energie.

Die Verkürzung des Muskels entsteht aufgrund der Freisetzung eines elektrischen Potentials analog zu einem vorgespannten Katapult. Genauso braucht ein Schritt, wenn man sich über Rotation im oben beschriebenen Sinne aufspannt, keine zusätzliche Energie oder Kraft. Das Loslassen allein löst diesen aus.

Der WingTsun-Jitterbug als Ganzkörperbewegung

Nachdem wir mit dem IRAS und der Beinspannung das Prinzip des ganzheitlichen Zusammenziehens ausgehend vom DanTien kennengelernt haben, können wir den WingTsun-Jitterbug nun als Ganzkörperbewegung anschauen.

Bei dieser Form des Jitterbug handelt es sich um ein koordiniertes Zusammenspiel des gesamten Körpers. Sphärisch betrachtet koordiniert man das kleine Vectorequilibrium des Oberkörpers mit dem Gesamtkörper Vectorequilibrium. Dabei übernehmen die beiden VE's leicht unterschiedliche Aufgaben, verfolgen jedoch dasselbe Ziel.

Wie wir bereits gesehen haben, geben die Arme beim kleine VE des Oberkörpers bremsend auf den Druck von außen nach und schrumpft unter zunehmender Zähheit konzentrisch zusammen. Diese Bewegung passiert passiv, durch Druck von außen (Der Jitterbug des kleinen VE's).

Würden wir NUR die Arme bewegen lassen, so gelangte das Zentrum des kleinen VE's mit zunehmender Schrumpfung des Radius mehr und mehr in unseren Körper hinein und erreichte das schwache Zentrum in der Mitte unseres Brustkorbes, sobald sich die Sphäre bis zum Oktaeder verdichtet. Dadurch dass das Zentrum der Sphäre in unseren Körper hineinkommt, wird zwangsläufig mehr und mehr Kraft durch unseren Körper abgeleitet, was uns mehr und mehr mit dem Boden verbindet. Dies geschieht zwangsläufig, da die Energie nicht im Oberkörper verbleiben kann, sondern in den ganzen Körper und somit auch in die Füße verteilt wird, von wo sie letztlich in den Boden abgeleitet wird.

Wie wir bereits analysiert haben, entsteht dabei die Gefahr, dass ein geschulter Gegner unsere Verbindung mit dem Boden gegen uns ausnutzt, um das Gleichgewicht zu stören und zu rauben. Um dies zu verhindern, muss sich nun auch das GVE zusammenziehen.

Dieses Zusammenziehen des GVE's ist aktiver Natur. Um die Energie nicht in den Boden ableiten zu müssen, sondern im System absorbieren zu können, nehmen wir aktiv die Kraft vom Boden weg, indem wir unser GVE vom DanTien ausgehend zusammenziehen. Dies findet immer im Einklang mit der Bewegung des kleinen VE's, also der Arme statt. Dabei ist der Jitterbug des

GVE's eher energetischer Natur. Es muss keine große Bewegung erfolgen. Es ist zu vergleichen mit einer Sanduhr. Dort fällt der Sand nicht in einem Schwall nach unten, sondern rieselt Sandkorn um Sandkorn nach unten.

Beim Jitterbug des GVE's rieselt die Energie vergleichbar mit dem Sand der Sanduhr, nun aber von oben UND unten, jeweils in Richtung Zentrum also dem absoluten Nullpunkt im Körper.

Beim Gesamtkörper-Jitterbug wird also die stoßend bremsende Energie der Arme durch ziehende, saugende Energie in den Beinen neutralisiert. Aber auch im Oberkörper kann die aktive Komponente des GVE's zum Zug kommen. Ein aktives Zusammenziehen des kleinen VE's darf nicht geschehen. Wir würden uns dadurch vom Kontaktpunkt wegbewegen, würden aktiv kollabieren und so dem Gegner alle Möglichkeit geben, uns zu treffen.

Was wir jedoch können, ist, den Oberkörper also die Wirbelsäule aktiv zu bewegen, um die Zähheit unserer Sphäre und somit die Zähheit, welche der Gegner wahrnimmt, zu regulieren. Diese Zähheit, die der Gegner wahrnimmt, ist zu verstehen wie die Lautstärke bei der Musik.

Drehen wir die Lautstärke voll auf, sind wir so zäh, dass der Gegner direkt an uns abprallt. Drehen wir die Musik leiser, bis in den Flüstermodus, wird die Zähheit immer feiner, bis wir kaum mehr wahrzunehmen sind. Die übergeordneten Regeln betreffend aktives und passives Bewegen müssen aber eingehalten werden. Das heißt, die Arme werden durch den Gegner bewegt, während wir durch Zusammenziehen des GVE's vom DanTien aus aktiv die Zähheit oder eben die Lautstärke regulieren.

Eine weitere Funktion, welche im Jitterbug als Ganzkörperbewegung das GVE übernimmt, ist die Rotation auf Äquatorebene. Aufmerksame Leser werden festgestellt haben, dass ich bei meinen Ausführungen zum Jitterbug der Arme die für den Jitterbug typische Verdrehung auf Äquatorebene, welche beim passiven Modell für die Verformung vom VE zu Ikosaeder zum Oktaeder verantwortlich ist, weggelassen habe.

Eine Drehbewegung aus den Armen würde einen Impuls im Sinne eines Blockes oder sonst einer ausnutzbaren Bewegung bedeuten, da wir dadurch wiederum den Kontaktpunkt verlassen würden. Rotieren wir jedoch auf der Äquatorebene des GVE so entsteht eine für den Gegner neutral bleibende Wendung, welche ihm die Balance raubt, während wir voll zentriert bleiben.

Theoretische und praktische Konsequenzen aus dieser neuen biomechanischen Betrachtungsweise

Meines Erachtens ist die biomechanische Betrachtung anhand des WingTsun-Jitterbug eine große Hilfe für das Erlernen des WingTsun und zwar auf verschiedenen Ebenen.

- Das Bild des Jitterbugs hilft beim Erkennen der kampfrelevanten Sphäre und beim Verständnis der Stabilitätsgrenzen.

- Daraus lässt sich ableiten, wo und wie sich die Arme bzw. der Körper auf den Angriff des Gegners optimal anpassen sollten, um diesen nicht in unsere Sphäre eindringen zu lassen.

- Für mich persönlich ist er außerdem eine super Hilfe für die Analyse und das Verständnis der Vorgänge im ChiSao-Training.

Unspezifische und spezifische Adaptation

Biomechanisch unterscheide ich im WingTsun zwischen spezifischer und unspezifischer Adaptation (man könnte auch „neutrale Adaptation" sagen). Mit Adaptation meine ich, was weitläufig als Reaktion beschrieben wird.

Ich verzichte bewusst auf den Begriff Reaktion, weil eine Reaktion immer auf eine Aktion folgt. Eine Adaptation, also eine Anpassung, kann jedoch unmittelbar mit der Veränderung passieren. Wer reagiert, ist immer ein Schritt hinterher. Wer adaptiert kann jedoch achtsam im Jetzt und in der Mitte verweilen, solange er sich stets mit der Veränderung mitverändert.

Der Jitterbug nimmt dabei die Rolle der unspezifischen Adaptation ein. Dies gilt sowohl für den Jitterbug der Arme wie auch für den Jitterbug des GVE's.

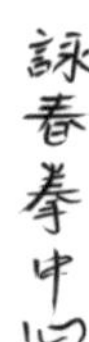

Die Arme betreffend

…ist der kleine Jitterbug des Oberkörpers, mit seiner passiven Verformung vom Vectorequilibrium über den Ikosaeder zum Oktaeder die unspezifische Adaptation der Arme.

Die spezifische Adaptation der Arme wäre demzufolge die als die vier Reaktionen bekannten Bewegungen „BongSao, TanSao, JamSao und KauSao". Während bei den spezifischen Adaptationen kipp-, kreis- oder rotationsartige Veränderungen betreffend der Ellbogenposition geschehen, fließen die Arme beim Jitterbug unspezifisch, sphärisch wie bei einer Tortenform zusammen und der Ellbogen bleibt stets der tiefste Punkt.

Den ganzen Körper betreffend

…ist der Jitterbug des GVE's mit seinem vom DanTien ausgehenden ganzheitlichen Zusammenziehen die unspezifische Adaptation des Körpers. Die spezifische Adaptation des Körpers wäre hier die Wendung oder, wenn nötig, ein Schritt. Im WingTsun der Mitte gilt immer:

unspezifische Adaptation vor spezifischer Adaptation!

Dieses Motto ist von der Wichtigkeit her gleichzustellen mit den allgemein geläufigen Prinzipien und Kraftsätzen des WingTsun. Das Spezifische bei der Adaptation wird immer vom Gegner bestimmt.

Im Realkampf, aber auch im fließenden ChiSao ist es dem Gegner praktisch unmöglich, genau auf unser schwaches Zentrum in der Brustkorbmitte zu wirken. Im Normalfall geht sein Druck immer leicht rechts oder links an unserem schwachen Zentrum vorbei, wodurch die spezifischen Adaptationen ausgelöst werden.

Da unser Körper jedoch die genaue Richtung des Druckes in den meisten Fällen nicht sofort erkennen kann, dient die unspezifische Adaptation als eine Art „Zeitmaschine". Es ist vor allem die unspezifische Adaptation des GVE's, welche uns Zeit verschafft um genau hinhören zu können, wo der Druck des Angriffes lang geht, ohne dass wir in Gefahr kommen, blockend Widerstand zu leisten, zu kollabieren oder eine vorgefertigte Antwort zu benutzen.

Der Jitterbug im ChiSao

Im ChiSao berühren sich die zwei Sphären der beiden Partner irgendwo zwischen der vorderen und der hinteren Stabilitätsgrenze. Zum Beispiel kann ich meine Arme im Moment der Kontaktaufnahme auf der Höhe des kleinen Vectorequilibriums haben, während der Partner die Arme auf Höhe seiner vorderen Stabilitätsgrenze, der hinteren Stabilitätsgrenze oder irgendwo dazwischen hat.

Ich könnte wiederum genauso im Moment der Kontaktaufnahme irgendwo zwischen meinen Stabilitätsgrenzen sein. Somit ergeben sich für die Kontaktaufnahme im Hinblick auf die Sphären der beiden Partner unendlich viele Kombinationen bzw. Möglichkeiten.

Für das ChiSao oder auch für den Kampf ist es wichtig zu erkennen, welche biomechanischen Konsequenzen sich aus der jeweiligen Situation ergeben. Um diesen Sachverhalt zu untersuchen, gehen wir der Einfachheit halber davon aus, dass sich die beiden Sphären jeweils auf Höhe ihrer kleinen VE's des Oberkörpers, so dass jeder für sich energetisch im Gleichgewicht ist, treffen.

Für den Angreifer ergeben sich, die reine Armbewegung betreffend, folgende Konsequenzen:

„Je weiter er seinen Arm nach vorne in Richtung der vorderen Stabilitätsgrenze streckt, umso mehr nimmt die Gefahr zu, die Balance nach vorne zu verlieren oder nach vorne gezogen zu werden. Die vordere Stabilitätsgrenze bildet dabei den Point of no return, wo er die Kontrolle und somit die Fähigkeit verliert, zu korrigieren und zu reagieren, ohne ständig neue Gefahren zu schaffen."

„Je weiter er seinen Arm nach vorne in Richtung der vorderen Stabilitätsgrenze streckt, umso mehr nimmt der Rückstoß oder besser gesagt die Reflexion seines Schlages in die eigene Schulter zu und somit die Schlagkraft ab. Beim gestreckten Arm ist die Reflexion der Schlagkraft maximal und hebt die Energie, welche nach vorne wirkt, auf. Auch hier bildet die Stabilitätsgrenze den Point of no return. Bis zur Stabilitätsgrenze ist die Energie, welche nach vorne wirkt, stärker als die Energie, welche vom Ziel reflektiert wird. Geht man über die Stabilitätsgrenze hinaus, so wird der Spieß umgedreht, und die reflektierte Energie wird stärker als die Energie, welche nach vorne wirkt."

Je mehr der Angreifer also nach vorne stößt und die Sphäre des Verteidigers im Sinne des Jitterbug komprimiert, umso mehr steigen seine Nachteile. Dazu kommt, dass der Angreifer wegen der zunehmenden strukturellen Zähheit während der Verformung vom VE über den Ikosaeder zum Oktaeder immer mehr Kraft benötigt, um nach vorne wirken zu können. Aufgrund der bio-mechanischen Gesetzmäßigkeiten kann er aber immer weniger Energie entwickeln und produziert zu allem Übel zusätzlich immer mehr Rückstoß (Reflexion).

Ihm bleibt dann nur noch die Option, seine Masse einzusetzen und damit seine Mitte aufzugeben. Ab diesem Moment kann ihn der geschulte Gegner durch Nachgeben (wenden/aushöhlen) endgültig aus der Balance bringen. So zeigt sich, dass derjenige, der kämpfen will und angreift, gleich mehrfach Nachteile erfährt und mit dem Willen zu kämpfen und anzugreifen bereits verloren hat.

Für den Verteidiger:

Ich habe mich sehr intensiv mit dem Jitterbug und seinen biomechanischen oder biodynamischen Konsequenzen beschäftigt. Meine Erkenntnis ist, dass wer dem Jitterbug folgend stets in seiner Mitte verweilt und dabei nicht über seine naturgegebenen Grenzen hinausgeht, schwer anzugreifen ist.

Ein WingTsun-Bewegen, welches dem Prinzip des Vectorequilibriums folgt, folgt automatisch dem Prinzip des vollendeten Gleichgewichtes und damit dem Weg der Mitte. Es ist ein Bewegen, welches nur aus dem Willen der Verteidigung entstehen kann und nicht aus dem Angriff.

Es ist ein Bewegen, welches eins zu eins den höheren philosophischen Prinzipien der Einheit und der Gewaltlosigkeit folgt. Dieses WingTsun ist gewaltlos, weil der Ausführende stets in seiner Energie und seiner Sphäre bleibt. Er manipuliert sein Gegenüber nicht, sondern lässt ihn sich selbst, an der Sphäre, die er ihm bietet, zum eigenen Nachteil manipulieren.

Sowohl aus dem Jitterbug des KVE's wie auch aus dem Gesamtkörper-Jitterbug lassen sich vielseitige ChiSao-Übungen kreieren, die dem Übenden helfen, biomechanische Gesetzmäßigkeiten bzw. Konsequenzen für die Bewegung der Arme, des Rumpfes und ihrer Kombination zu erkennen und zu verinnerlichen. Der Jitterbug hat den Vorteil, dass dieses Erlernen und Verinnerlichen der Grenzen richtungsneutral, das heißt ohne Bong, Tan oder Wendung analysiert werden kann, was meiner Erfahrung nach einfacher ist.

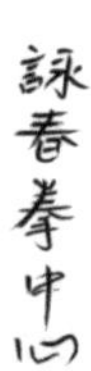

*Meine Bewegungen ähneln denjenigen der anderen
Menschen nur auf den ersten Blick.*

*Das Bewegen ist der Ausdruck eines jeden
persönlichen Inneren Selbst.*

*Somit kann die Evolution zu einem inneren Bewegen
nur von statten gehen, wenn auch die innere
spirituelle Entwicklung stattfindet.*

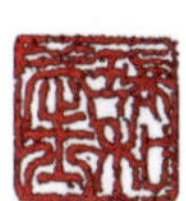

137

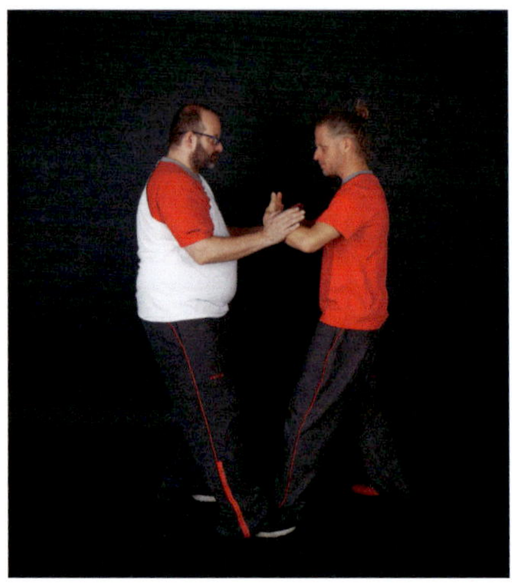

Ich halte meine Arme in der Sphäre des VE's ein Fuß entfernt vor meiner Brust. Mein Partner drückt mit beiden Händen in Richtung meines schwachen Zentrums drückt dabei ausschließlich aus den Armen.

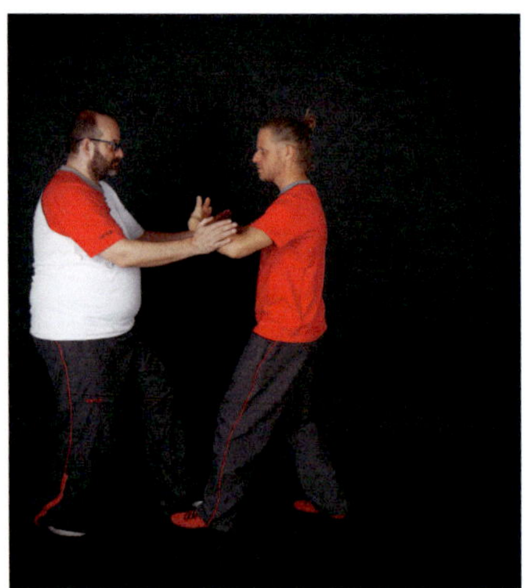

Mein Partner hat weitergedrückt, verlor das Gleichgewicht und musste einen Schritt nach hinten machen. Den Druck am Kontaktpunkt haltend, dehne ich mich wieder bis zur Sphäre des VE's aus und schließe die Lücke mit gleichzeitigem Vorwärtsschritt.

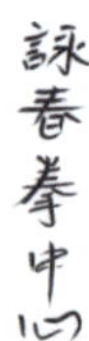

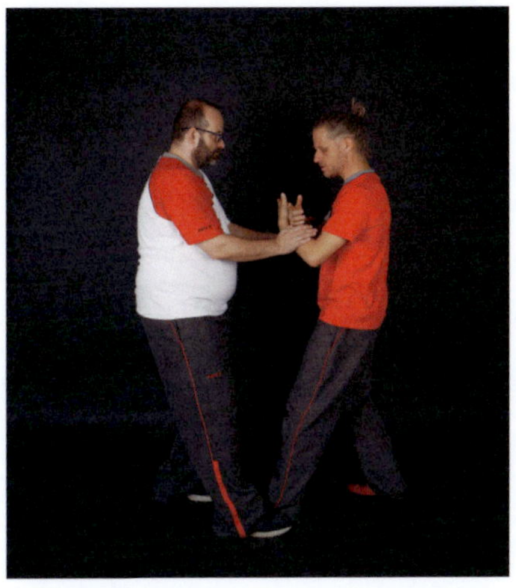

Ich gebe mit leicht zunehmenden Zähheit sphärisch nach bis zum Fünfeck oder der Sphäre des Ikosaeders. Mein Partner nähert sich durch seine Armbewegung seiner vorderen Stabilitätsgrenze.

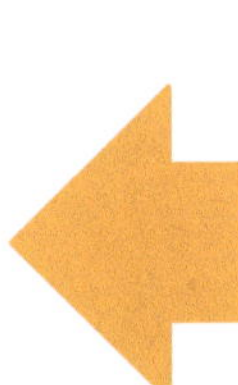

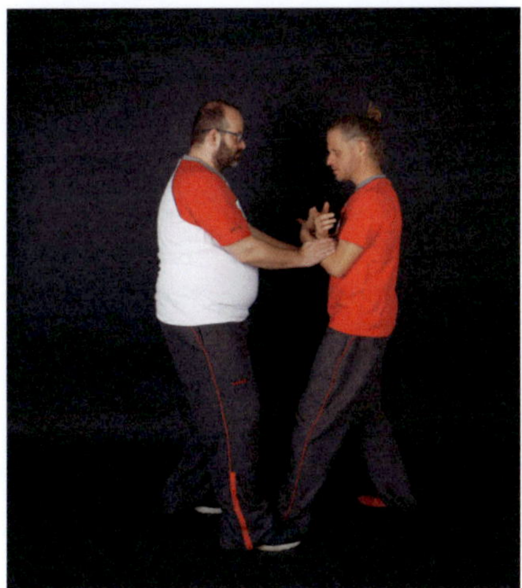

Mein Partner hat meine Arme bis zur absoluten Grenze, der Sphäre des Oktaeders eingedrückt. Er wiederum hat seine vordere Stabilitätsgrenze erreicht. Derjenige der hier aus den Armen weiter Druck ausübt, verliert das Gleichgewicht.

Was bedeutet potenziell gewaltlos?

Mit „potenziell gewaltlos" meine ich lediglich, dass ich als Verteidiger selber entscheiden kann, ob ich den Gegner schlagen, also verletzen möchte, oder nicht. Die Kampfkunst WingTsun verfügt über ein höchst effizientes Repertoire an Schlagtechniken. Nur wer in sich physisch und mental voll in der Mitte bleiben kann, wird frei entscheiden können, wie schwer er seinen Gegner verletzen will.

Zu der Idee der Gewaltlosigkeit inspirierte mich der Schriftsteller Paulo Coelho in seinem „Handbuch des Kriegers des Lichts:

Manchmal wird der Krieger des Lichts vom Bösen verfolgt. Dann lädt er es einfach in sein Zelt ein. Er fragt das Böse: „Willst du mich verletzen oder mich benutzen, damit ich die anderen verletze?"

Das Böse stellt sich taub und gibt vor, die dunklen Seiten der Seele des Kriegers zu kennen. Rührt an alten Wunden und fordert Rache. Es erinnert ihn daran, dass es ein paar subtile Fallen und Gifte kennt, die ihm dabei helfen würden, eine Feinde zu zerstören.

Der Krieger des Lichts hört zu. Wenn das Böse zerstreut ist, legt er es darauf an, dass es seine Rede wieder aufnimmt und bittet um Einzelheiten. Wenn er alles gehört hat, erhebt er sich und geht. Das Böse hat so viel geredet, ist so erschöpft und leer, dass es ihm nicht mehr folgen kann.

Um jemanden ausknocken zu können, muss man nicht nur in seine Sphäre eindringen, sondern braucht auch noch eine Angriffsfläche, auf welche die Schlagenergie wirken kann. Bringt man den Gegner durch biomechanisch kluges und bewusstes Bewegen dazu, an unserer Sphäre abzuprallen und gegen sich selbst zu arbeiten oder lässt man seine Kraft ins Leere laufen, so kann sein kämpferisches Handeln nicht auf uns wirken. Dann wird es sich verhalten wie im obigen Beispiel Coelhos. Der Gegner wird sich auspowern und verausgaben, bis er erschöpft ist. Sobald es so weit ist, verlassen wir den Schauplatz und er wird nicht folgen können.

Ich bin kein Träumer und bin mir bewusst, dass dies ein unglaubliches Maß an technischer und vor allem mentaler Überlegenheit voraussetzt. Ob man so eine Überlegenheit gegenüber einem kräftigen, kaltblütigen und kampferprobten Gegner jemals erreichen kann? Ich bin überzeugt, dass es umso wahrscheinlicher wird, je mehr ich danach strebe und an mir arbeite.

Die biomechanischen Erkenntnisse rund um Biotensegrity und das Vectorequilibrium als sphärisches Modell für die menschliche und die kampfrelevante Sphäre haben in mir einen spannenden Prozess des Reflektierens und Hinterfragens ausgelöst. Ich bin sicher, dass diese biomechanischen Grundlagen dem WingTsun-Praktizierenden eine große Hilfe sein werden, sein WingTsun-Bewegen in Richtung eines gewaltloses WingTsuns weiterzuentwickeln.

Dass dieser Weg NICHT der Weg des Anfängers sein wird, der möglichst schnell selbstverteidigungsfähig sein möchte, ist klar. Es handelt sich mehr um den Weg eines ganzheitlichen Meisters, welcher Kampfkunst nicht nur wegen des Kämpfens, sondern auch als Basis für geistiges und spirituelles Wachstum betreibt.

Erkenntnisse zum Vorwärtsdruck

Im WingTsun ist immer vom Vorwärtsdruck die Rede. Mich persönlich stört der Begriff „Vorwärtsdruck" schon lange, weil es bei den Schülern immer eine Muskelaktivität und somit eine Vorwärtskraft auslöst.

Der Begriff „Vorwärtsfluss" ist schon besser, da Fluss wenigstens schon mal mehr an Energie als an Kraft erinnert, aber immer noch nicht gut. Ich sehe immer wieder, wie das Ausstrecken der Arme, sobald der Weg frei ist, als sogenannter Vorwärtsfluss betitelt wird. Jedoch ist dieses Ausstrecken der Arme genau so eine muskuläre Vorwärtsbewegung, die einvektoral, unnatürlich und isoliert ist.

Seit ich mich mit dem Vectorequilibrium und dem Jitterbug beschäftigt habe, bin ich betreffend Vorwärtsfluss zu folgender Erkenntnis gekommen:

„Der Vorwärtsfluss ist ein sphärisches Ausdehnen psychophysische Natur (mental, energetisches und physisch), welches die Armbewegung vom Viereck über das Fünfeck zum Sechseck (sphärisch betrachtet vom Oktaeder über den Ikosaeder bis zum Vectorequilibrium) umfasst. "

Diese Energie wirkt in der Richtung vom VE zum Oktaeder mit zunehmend spürbarer Zähheit bremsend und in umgekehrter Richtung freigebend beschleunigend. Diese Energie wirkt jedoch NUR bis zum Vectorequilibrium, also bis zum absoluten Gleichgewicht. Jedes weitere Vorwärtswirken muss rein aus dem Körper, also aus dem Massenzentrum DanTien erfolgen. Die Arme allein suchen stets das absolute Gleichgewicht im kleinen Vectorequilibrium des Oberkörpers.

Wenn man über die Position des Vectorequilibrium hinaus nach vorne geht, nimmt automatisch die Aktivität in der Schulter zu. Während man auf Höhe des VE' s kaum eine Spannung in der Schulter spürt, fängt man diese unmittelbar an wahrzunehmen, sobald man weiter in Richtung Stabilitätsgrenze geht. Das bedeutet wiederum, dass bei Kontaktaufnahme mit dem Gegner außerhalb des Vectorequilibriums eine erhöhte Gefahr besteht, die Schulter zu verspannen und somit dem Gegner einen Angriffspunkt zu bieten.

Weiter nimmt mit zunehmendem Ausstrecken des Armes der Rückstoß in die Schulter zu, was diese zusätzlich aktiviert. Je gestreckter der Arm beim Auftreffen auf das Ziel ist, desto direkter wird die Energie vom Ziel reflektiert.

Aus diesem Grund muss die Faust das Ziel zwingend erreichen, bevor die Stabilitätsgrenze überschritten wird. Wird dem nicht Rechnung getragen, geht physikalisch betrachtet, ein großer Teil der Schlagenergie im Rückstoß verloren.

Um trotzdem noch Kraft in den Schlag zu bringen, muss die Körpermasse in den Schlag integriert werden, was oft auf Kosten des Gleichgewichts passiert, jedoch nicht zwingend auf dessen Kosten geschehen muss. Dies bedarf dann aber ein gutes Körpergefühl und biomechanisch sehr kluges Bewegen.

Der Jitterbug im LatSao – Bei der Kontaktaufnahme mit dem gegnerischen Angriff

Optimalerweise sollte der Kontakt mit dem gegnerischen Angriff vor der Position des absoluten Gleichgewichts entstehen, also vor der sphärischen Position des Vectorequilibrium. Man muss sich jedoch darüber im Klaren sein, dass mit jedem weiteren Ausdehnen, jedem weiteren Vorgehen über die Sphäre des VE hinaus sowohl die Gefahr als auch der Vorteil zunimmt.

Vorteilhaft bei einer früheren Kontaktaufnahme ist die Zeit, welche man gewinnt. Dabei steigt aber gleichzeitig die Gefahr, energetisch über die vordere Stabilitätsgrenze hinaus zu wirken bzw. physisch über diese hinaus nach vorn zu strecken. Mit „energetisch" meine ich den Druck oder besser ausgedrückt die potenzielle Bewegungsenergie, Bewegungskraft.

Beides macht sehr anfällig für Balanceverlust, speziell dafür, gezogen zu werden, und ist somit sehr gefährlich. Hat man irgendwo zwischen der vorderen Stabilitätsgrenze und der Äquatorlinie des kleinen VE's mit dem Arm Kontakt aufgenommen, so könnte man den Gegner gleich auflaufen lassen, indem man sich vom Körper her anpasst und seine Sphäre stabilisiert und strukturiert. Es lohnt sich jedoch, den Angriff des Gegners mit dem Armen bis auf Höhe des Äquators des kleinen VE's zu begleiten und von dort an mit dem Körper nachzugeben.

Wenn ich meine Arme also über die Sphäre des kleinen VE's nach vorne ausstrecke, mache ich das in rein hörender Qualität. Ich betrachte meine Arme außerhalb des VE's also als Ohren, die lauschend, aufnehmend nach Kontakt suchen und diesen impulslos bis auf die Höhe des VE's zurückbegleiten. Erst wenn die Sphäre des VE's erreicht ist, beginnt deren bremsende Aktivität.

Dieses Vorgehen hat wiederum den Vorteil, dass der Gegner sich mit jedem weiteren Vorwärtsbewegen mehr und mehr exponiert und die Fähigkeit verliert, sich an meine Kontaktaufnahme anzupassen.

Die Illusion der Kontrolle

In verschiedensten Kampfstilen, speziell in ausgeklügelten inneren Systemen, versucht man den Gegner zu kontrollieren, indem man das sogenannte schwache Zentrum in der Mitte des Brustkorbes des Gegners angreift, um ihn des Gleichgewichtes zu berauben. Kontrolliert man erst das schwache Zentrum, führt jede Bewegung des Gegners automatisch zum Gleichgewichtsverlust.

Diese Methode ist sehr wirksam, hat aber bei genauerem Hinschauen auch Schwachstellen. Wenn ich Energie auf etwas außerhalb meiner eigenen Stabilitätsgrenzen projizieren will, komme ich automatisch in ein Ungleichgewicht.

ICH GEHE AUS MIR HERAUS,
AUS MEINER MITTE HERAUS!

Vielleicht bleibe ich zwar physisch innerhalb meiner Stabilitätsgrenzen, aber energetisch muss ich, wenn ich Kontrolle ausüben will, aus mir heraus wirken. Dies kann ein Gegenüber, welches über die entsprechende Erfahrung und Wachheit verfügt, gegen mich ausnutzen.

Kontrolle ist eine Illusion, nicht nur im Kampf, sondern auf allen nur vorstellbaren Ebenen. Wir sehen das überall auf der Welt, egal ob wir von einzelnen Menschen, ethnischen Gruppen oder politischen Systemen ausgehen. Kontrolle ist nur dann möglich, wenn der oder das zu Kontrollierende diese Kontrolle bewusst oder unbewusst zulässt. Entscheidet sich der oder das Kontrollierte dagegen, kontrolliert zu werden, muss die Kontrolle mit GEWALT also mit Kraft und meist Verlusten und Nachteilen auf beiden Seiten durchgesetzt werden!

Kontrollieren lässt sich nur, was auf irgendeiner Ebene (Kraft, Wissen, Fertigkeiten) unterlegen ist. Der Versuch, Kontrolle auszuüben, endet also, wenn sich das Gegenüber weigert, kontrolliert zu werden, zwangsläufig in Gewalt und übermäßigem, aus WingTsun-Sicht unnötigem Kraftaufwand.

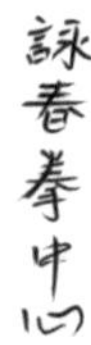

Im Zweikampf muss man, um zu kontrollieren, zwangsläufig mit Energie auf das Gegenüber wirken. Auf diese Energie kann man nachgeben, damit diese nicht wirken kann. In vielen WingChun-Stilen gibt man am Kontaktpunkt nach, was ungeschickt ist, denn dann kann der Angreifer einfach durchschlagen.

Findet das Nachgeben jedoch nicht am Kontaktpunkt, sondern möglichst weit von diesem entfernt statt, dann verändert sich am Kontaktpunkt nichts und die Energie kann nicht wirken. Das Kontrollieren des schwachen Zentrums im Brustkorb bedarf des Anspannens der Schultern, wodurch die kontrollierende Energie über den Arm, durch die Schulter, in den Brustkorb gelangen kann.

Bleiben die Schultern jedoch entspannt und der Verteidiger passt sich auf die Kontrollenergie durch Einsaugen der Füße, also der unspezifische Adaptation des Körpers an, so dreht sich der Spieß um und der Angreifer gerät ins Hintertreffen, da er Angreifer seine Mitte verlässt und aus sich heraus wirkt. Er stört dann sein eigenes Gleichgewicht an unserer Sphäre. Es ist wie bei Hebeltechniken:

Um eine Hebeltechnik ansetzen zu können, bedarf es eines Hebels. Ein Seil kann man nicht hebeln, da es keinen Hebelarm bietet, an dem die Hebeltechnik ansetzen könnte.

Das Nicht-dagegen-Gehen, Nicht-Anbeißen, ist das echte Nichtstun, welches im taoistischen Sinne WuWei bedeutet und alle Probleme und Prüfungen mit einer fast schon unglaublichen Leichtigkeit umschifft.

Das Nichtstun ist aber nichtgenerell gemeint. Man tut das Nötigste, möglichst weit entfernt von dem Punkt, wo der Andere etwas tut, oder wo der andere hinwill.

Schrittarbeit aus der Mitte

Dem Prinzip der Mitte folgend muss auch der Vorwärtsschritt aus dem absoluten Nullpunkt (dem DanTien) starten. Von dort aus muss er direkt und ohne Hilfsbewegung zum Ziel führen. Jede Bewegung oder Veränderung der Körperlängsachse bietet eine Schwachstelle. Lasst mich erst die beiden häufigsten Kompensationsbewegungen und deren Schwachstellen erklären, bevor ich erklären werde, wie der Vorwärtsschritt aus dem IRAS ohne Kompensation zu vollziehen ist.

Die Gewichtsverlagerung

Ich beobachte oft, dass ein WingTsun-Kämpfer, wenn er einen Vorwärts-schritt aus dem IRAS macht, zuerst eine klar sichtbare Gewichtsverlagerung zur Seite macht.

Bei genauer biomechanischer Betrachtung führt diese Strategie dazu, dass man sich mehr mit dem Boden verbindet und sich vom Boden abstoßen muss. Diese weitläufig verbreitete Art, den Schritt zu starten, bietet dem

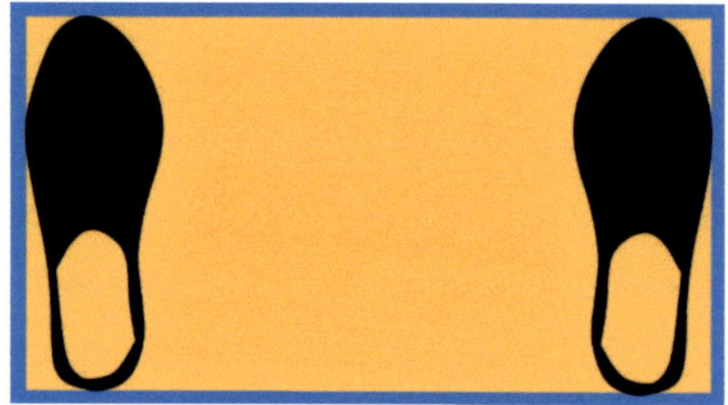

Betreffend der Beine bildet der Umriss der Standfläche (gelb) die Stabilitätsgrenze (blau). Je mehr der Körperschwerpunkt über der Standfläche in Richtung Stabilitätsgrenze wandert, umso unsicherer wird der Stand.

Gegenüber eine entscheidende Schwachstelle. Durch die Gewichtsverlagerung auf ein Bein entsteht für den Gegner die Möglichkeit, den Angreifer auf seinem Standbein festzunageln.

Aus persönlicher Erfahrung weiß ich, dass ich jegliche Trainingspartner, egal wie groß und kräftig sie sind, sofort im Ansatz am Schritt hindern und somit den Angriff verhindern kann. Da der Gegner das Gewicht verlagert, geht er mit seinem Körperschwerpunkt an seine Stabilitätsgrenze, vermindert seine Standfläche und ist schließlich gezwungen, für den Schritt aus sich heraus, aus seiner Stabilitätsgrenze hinauszukommen. Je mehr Energie er nun in seinen Arm, also in seinen Fauststoß gibt, desto mehr drückt er sich nach hinten weg. Um nicht nach hinten zu fallen, bleibt ihm nur noch die Möglichkeit, sich mit seinem Oberkörper in den Schlag hineinzulehnen und durch den vollen Einsatz seiner Masse die Energie zu erhöhen. Womit wir bei der zweiten Kompensation sind.

Die Masse hineinbringen

Die zweite Kompensationsstrategie, welche man oft sieht, ist das Vorlehnen des Oberkörpers. Es ist ein „Sich in den Schritt fallen lassen". Man erkennt diese Kompensation daran, dass sich der Brustkorb als Erstes nach vorne bewegt. Oft wird die Kompensation durch die Armbewegungen (z.B. den PakSao-Fauststoß) verschleiert.

Bei dieser Kompensation kommt es nicht zu einer seitlichen Gewichtsverlagerung, weswegen sie keine so offensichtliche Schwachstelle für das Gegenüber liefert, wie die erste Variante. Von der Seite ist jedoch zu erkennen, dass sich der Ausführende nach vorne fallen lässt und sich dann mit dem Schritt wieder auffängt. Durch dieses Vorlehnen verliert man, wenn auch nur ganz kurze Zeit, die Kontrolle über seinen Körper.

Wenn man viel Erfahrung hat oder schnell genug ist, wird das im Kampf wohl nie ein Problem sein. Aber wenn das Gegenüber sehr feinfühlig und sehr achtsam ist, kann er diesen kurzen Moment, wo man aus sich herauskommt und sich reinfallen lässt, ausnutzen. Klar hat ein erfahrener Meister auch in dieser Situation eine rettende Technik auf Lager.

Trotzdem war und bin ich damit nicht zufrieden, denn ich suche und forsche nach einem Bewegen, welches sich nicht exponieren muss, also seine Mitte nicht verlassen muss. Nach langem Ausprobieren und Forschen mit meinen Schülern und Trainingspartnern und der Reflexion des Bewegens anhand meines theoretischen Modelles habe ich die Antwort gefunden und erfahren.

Zusammenziehen des GVE vom DanTien - der Motor für den Vorwärtsschritt

Auch für den Vorwärtsschritt ziehe ich mein GVE vom DanTien aus zusammen, sauge ich die Füße vom DanTien ausgehend ein. Die Grundenergie des Einsaugens ist bei beiden Füßen die Gleiche. Jedoch wird das Bein, mit welchem ich den Schritt mache, anhebend eingesaugt und das andere Bein nur im Sinne des im Kapitel zum IRAS beschriebenen verteidigenden Einsaugens, wobei ich mich nicht mit dem Boden verbinden will.

Wenn ich den Vorwärtsschritt durch diese einsaugenden Energien starte, senkt sich mein Körper leicht ab, wodurch meine Angriffsenergie leicht von unten kommt und das Gegenüber von Anfang an destabilisiert. Je mehr dieser gegen mein Vorwärtsschreiten im Sinne einer Verhinderung drückt, desto mehr verbindet er mich mit seinem schwachen Zentrum und hilft mir damit unbewusst, ihn selbst noch effizienter zu destabilisieren.

Schon im ersten Moment, wenn ich den Vorwärtsschritt durch dieses, dem anderen gegenüber neutrale Absinken (Absinken durch Einsaugen der Füße) starte, verbindet er mich dank des Kontaktes am Arm mit seinem schwachen Zentrum, in der Mitte seines Brustkorbes.

Dadurch nimmt er sich selbst das Gleichgewicht an mir, wodurch ich vorwärtsschreiten kann, ohne gehindert zu werden.

Der Gratisschritt im Stand

In allem was gegen die Schwerkraft aufgerichtet ist, schlummert eine gespeicherte potenzielle Bewegung und wenn es nur der Fall in die Schwerkraft und damit zu Boden ist.

In jedem Stand schlummert somit ein Gratisschritt. Unter „Gratisschritt" verstehe ich einen Schritt, der entstehen kann, ohne zusätzliche Kraft oder Energie herbei zu ziehen. Man stößt sich nicht vom Boden ab, sondern bedient sich lediglich der bereits vorhandenen Energie, welche im Stand potenziell gespeichert ist. Wie wir eben gesehen haben, kann man diesen Gratisschritt auf zwei Arten auslösen.

Entweder man lässt sich in die Schwerkraft fallen und bringt die Körperlängsachse aus dem Lot, wodurch reaktiv ein Schritt passiert. Diese Form Schrittauslösung entspricht derjenigen des Startes des natürlichen Gehens. Wenn wir losgehen, verlassen wir im Normalfall die Unterstützungsfläche und lassen uns in den ersten Schritt fallen.

Die zweite Möglichkeit bietet die eben beschriebene Schrittarbeit der Mitte mit demganzheitlichen Zusammenziehen des GVE's. Die Reichweite dieses Gratisschrittes wird durch das GVE, welches nicht nur physisch, sondern auch energetisch unsere Reichweite bildet, definiert. Ohne sich zusätzlich vom hinteren Bein abzustoßen, kann nur eine gewisse Schrittlänge erreicht werden. Aus dem IRAS ist diese Reichweite nach vorne und hinten, wie schon erwähnt, durch das GVE definiert.

Die Skizze rechts zeigt den Gratis-Vorwärtsschritt aus dem IRAS. Ohne sich zusätzlich mit dem hinteren Fuß vom Boden abzustoßen, erreicht der Vorwärtsschritt die Grenzen des GVE's.

Dabei erreicht der hintere Fuß die vordere Spitze des Boden-dreieckes des GVE's. Das Becken erreicht die Vorderkante des Äquatorsechseckes des GVE's dargestellt durch die rote Linie.

Dieser Vorwärtsschritt startet ohne zusätzlichen Abdruckmoment durch Zusammenziehen des GVE's und bietet somit keine potentielle Energieachse, welche angegriffen werden könnte.

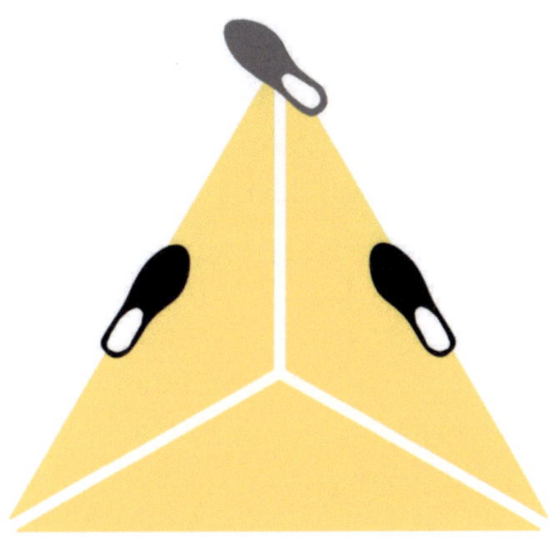

Vorwärtsschritt mit rechts

Die Skizze rechts zeigt den Gratis-Rückwärtsschritt (auch Sternschritt genannt) aus dem IRAS. Ohne sich zusätzlich mit dem vorderen Bein vom Boden abzustoßen, erreicht der hintere Fuß jeweils die hintere Ecke des Basisdreieckes des GVE.

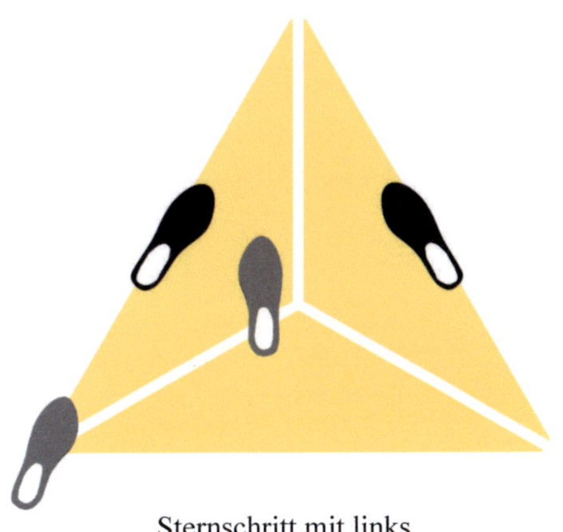

Sternschritt mit links.

Die SiuNimTau

„SiuNimTau" heißt bekanntlich „die kleine Idee". Sie ist das Alphabet des WingTsuns. Wie beim Alphabet alles enthalten ist, um Wörter, Sätze und ganze Geschichten zu schreiben, so ist in der SiuNimTau sehr viel Wichtiges schon enthalten, was es im WingTsun braucht.

Ohne Buchstaben keine Wörter, keine Sätze, keine Texte. Die nachfolgenden Formen ChamKiu, BiuTze, Holzpuppe usw. Liefern anschließend die Prinzipien oder im Sinne der Sprache ausgedrückt, die Grammatik. Das Alphabet ist jedoch das Fundament, die Basis und soll mit der entsprechenden oder gebührenden Wichtigkeit behandelt werden.

Es gibt bereits viele Bücher, welche die SiuNimTau betreffend ihrer Bewegungsausführung und den darin beinhaltenden Techniken beschreiben. Ich möchte mich hier dem Analysieren von biomechanischen Prinzipien und den Prinzipien des sensomotorischen Lernens widmen und so die Genialität hinter den Bewegungen beleuchten, welche laut meinem Wissensstand bisher nie analysiert und herausgearbeitet wurden.

Ich werde die einzelnen Sätze also nach den, von mir wahrgenommenen Lernzielen beleuchten und nicht nach ihren Bewegungen.

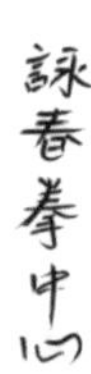

Der nullte Satz

Das „In den IRAS gehen" und den IRAS habe wird in einem anderen Kapitel bereits genau beschrieben. Ich werde hier jedoch die wichtigsten Aspekte der Vollständigkeit halber nochmals zusammenfassen:

> *„Finden der Mitte vorne/hinten, rechts/links*
> *und oben/unten beim Einnehmen des IRAS*
>
> *Etablieren eines aktiven Standes, bei dem man*
> *stehen bleibt, weil man sich in alle Richtungen*
> *ausdehnt"*

Punkt 1: Das Etablieren der Mitte vorne-hinten / rechts-links:

Es beginnt, wenn man mit den Füssen zusammensteht. Dort kann man durch das sogenannte Schaukeln die Mitte zwischen vorne und hinten, aber auch zwischen rechts und links finden. Das Schaukeln ist eine gute Übung und gehört eigentlich noch nicht zum Stand.

Dabei lehnt man sich so weit nach vorne, dass man gerade noch keinen Schritt machen muss. Man wird feststellen, dass die Aktivität der hinteren Körperseite immer mehr zunimmt. Die Aktivität breitet sich dabei, ausgehend von der Wade, über den hinteren Oberschenkel, das Gesäß und den Rücken von unten nach oben aus, bis hoch zur Spina Scapulae, der fast horizontalen Kante des Schulterblattes. Würde man sich dort noch weiter vorlehnen, würde ein Schutzschritt folgen.

In der gleichen Art reagiert der Körper, wenn man das Gewicht nach hinten verlagert. Die Aktivität breitet sich dann von unten nach oben, vom Schienbein ausgehend, über den vorderen Oberschenkel, den Bauch, und den Brustmuskel aus, bis sie das Schlüsselbein erreicht. Würde man sich weiter nach hinten lehnen, würde wiederum ein Schutzschritt folgen.

So kann man vor und zurück pendeln und nach der Mitte suchen, wo sowohl die vordere wie auch die hintere oberflächliche Muskulatur entspannt wie eine schwere Jacke von den Schultern runterhängen kann und wir im Sinne des makrokosmischen Kreislaufes nur durch die Wechselwirkung dieses Gewichts und der Corestability ohne großes Zutun stehen können.

Das wäre die Mitte.

Steht man in der Mitte, projiziert der Gesamtkörperschwerpunkt genau in die Mitte zwischen den beiden Massenzentren der Füße (gelber Punkt 10).

Das Gleichgewicht im Fuß

Das Gleichgewicht im Fuß ist dann vorhanden, wenn die neun Punkte, welche auf der nebenstehenden Abbildung rot eingezeichnet sind, alle den gleichen Kontakt mit dem Boden haben und damit in sich im Gleichgewicht sind.

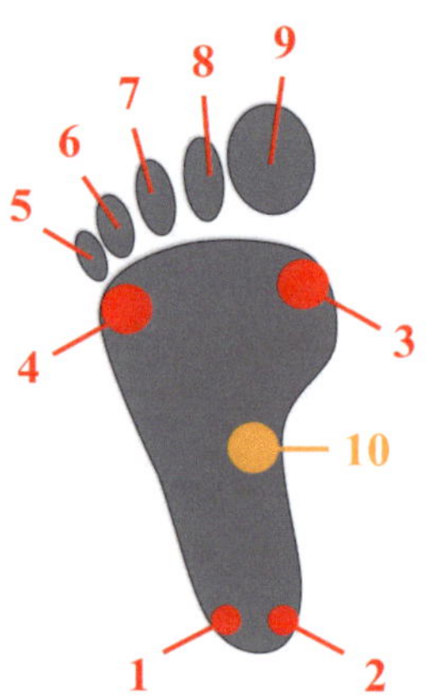

Ist dies der Fall, wird das Gesamtgewicht der Körperhälfte über den zehnten Punkt, welcher sich in der Mitte des Fußgewölbes befindet und welcher im Normalfall keinen Bodenkontakt hat, projiziert.

Da wir bekanntlich zwei Beine und Arme haben,
findet sich der Gesamtkörperschwerpunkt dann genau in der Mitte zwischen den beiden leeren Punkten genau unter dem Perineum. (siehe roter Punkt im Bild unten)!

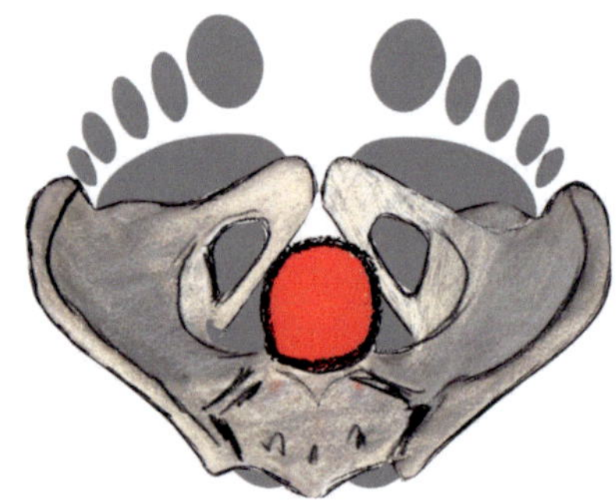

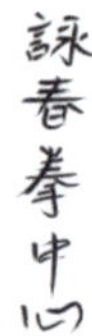

Punkt 2: SaoChong – Das Zurückziehen der Ellbogen

SaoChong hat meiner Meinung nach mehrere Funktionen. Als Bewegung am Anfang der Form soll sie uns lehren, die Schultern entspannt zu halten. Nur wer den Schultergürtel entspannt in seiner mittigen Position halten kann, wird während der SaoChong-Bewegung auch auf den Füßen in der Mitte bleiben können.

Haben die beiden großen Brustmuskeln (Mm. pectoralis mayor), aber auch die beiden kleinen Brustmuskeln (Mm pectoralis minor) zu viel Spannung, wird der Schwerpunkt auf den Füßen nach vorn gezogen. Man kommt dann mehr auf den Fußballen und die Zehen zu stehen. Ziehen die hinteren Schultergürtelmuskeln die Schulterblätter zu sehr nach hinten zusammen, wandert unser Schwerpunkt in Richtung Ferse.

Nur wer die großen Schultermuskeln (Mm. Deltoideus) die Brustmuskulatur und die hintere Schultergürtelmuskulatur bei dieser Bewegung maximal entspannt halten kann, wird mit dem Schwerpunkt in der Mitte bleiben können, welche er vorhin beim Schaukeln gefunden hatte. So gesehen ist SaoChong ein Stabilitätstest für den Erhalt der Mitte.

SaoChong als Zugbewegung

Am Ende jedes Satzes der SiuNimTau kommt SaoChong – die Ellbogen werden zurückgezogen. Diese Bewegung sorgt für Diskussionen. Während sie in den achtziger Jahren als Ellbogenschlag nach hinten interpretiert wurde, wird sie heute eher als Zugbewegung aufgefasst.

Aus meiner Sicht haben beide Interpretationen ihren Sinn und beide recht, aber zu einem unterschiedlichen Zeitpunkt der Bewegung. Ich unterteile die SaoChong-Bewegung in drei Teile, um die unterschiedlichen Funktionen hervorzuheben:

1. Vom gestreckten Arm bis zur vorderen Stabilitätsgrenze:

Dieser Teil der Bewegung hat weder ziehende noch schlagende Funktion. Sie ist quasi ein rückwärtslaufender One-Inch-Punch und hat in meinen Augen nur die Funktion, das Gewicht des Ellbogens zu spüren, den Ellbogen fallen zu lassen und so die Schulter zu entspannen. Es ist vergleichbar mit dem Fallenlassen der Hand im Handgelenk, wie man es im dritten Satz macht.

Aus diesem Grund drehe ich die Faust während dieser acht bis zehn Zentimeter der Bewegung nur bis in die aufrechte Position, drehe den Unterarm also NOCH NICHT ganz in die sogenannte Supination nach außen.

2. Von der vorderen Stabilitätsgrenze bis zur hinteren Stabilitätsgrenze:

Dieser Teil der Bewegung entspricht der Zugbewegung. Am kräftigsten kann man ziehen, wenn alle Zugmuskeln zusammenarbeiten. Um neben dem tiefen Ellbogenbeuger (M.Brachialis) und dem M.Brachioradialis auch den Biceps optimal in die Bewegung zu integrieren, muss man den Unterarm drehen (supinieren), sodass die Faust dann horizontal steht.

In diesem Teil der SaoChong-Bewegung, wo es um Zug geht, gilt es, die Rotation des Unterarmes vom Timing her exakt mit dem Zurückziehen des Ellbogens zu koordinieren, sodass beide Bewegungen exakt dann fertig sind, wenn die Fäuste die hintere Stabilitätsgrenze erreichen. Man folgt dann nicht nur dem Motto DimDimChin (Punkt für Punkt klar), sondern der muskulären Biomechanik.

Der Muskel generiert am meisten Kraft bei Mittellänge der Sarkomere. Je verkürzter der Muskel ist, umso weniger Kraftentwicklung ist möglich, weil Aktin und Myosin zu sehr ineinander reingekrabbelt sind. Bei maximaler Länge des Muskels, wo wenig Kontaktbereich zwischen Aktin und Myosin besteht, ist ebenfalls wenig Kraftentwicklung möglich.

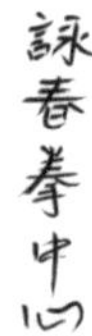

3. Von der hinteren Stabilitätsgrenze bis zur Endposition:

Hat man bis zur hinteren Stabilitätsgrenze zurückgezogen, ist die Zugbewegung beendet. In dieser Position könnte man nur noch durch zurücklehnen mit dem ganzen Körper Zugkraft generieren, verliert dann aber sein Gleichgewicht nach hinten. Deswegen ändert sich von dieser Position an auch die Funktion der SaoChong-Bewegung.

Statt jemanden zu ziehen, der vor einem steht, geht es nun darum jemandem mit dem Ellbogen zu schlagen, der hinter einem steht und z.B. versucht, uns zu umklammern.

SaoChong als Position

SaoChong hat als Endposition noch eine zusätzliche Funktion über die Bewegungsfunktionen hinaus. Die Position SaoChong dient der Entwicklung von Achtsamkeit und macht aus sensomotorischer Sicht Sinn wie keine andere Position.

Achtsamkeit über Körperfunktionen zu haben bedeutet, alles was im Körper geschieht, gleichzeitig wahrzunehmen und Veränderungen zu spüren ohne alles andere, was schon da war, außer acht zu lassen. Eine Vorstufe der Achtsamkeit, welche es zum Erreichen der allumfassenden Achtsamkeit zu entwickeln gilt, ist die geteilte Aufmerksamkeit.

Dabei führt man zum Beispiel eine Bewegung mit dem Arm durch, ohne dass der Rest des Körpers sich verändert. Diese geteilte Aufmerksamkeit entwickeln wir im WingTsun am Anfang mit Hilfe der SaoChong-Position, welche wie schon erwähnt aus sensomotorischer Sicht zu diesem Zweck geeignet ist wie keine andere Position. Am klarsten wird dieser ganze Zusammenhang im dritten Satz der SNT.

Das Ziel wäre es im dritten Satz, mit dem einen Arm zu bewegen, während der andere in der SaoChong- Position verharrt. Dabei sollte man, wenn man sich im Spiegel betrachtet, während der ganzen Zeit lediglich den Oberarm und die Faust sehen. Der Unterarm versteckt sich wegen seiner horizontalen Position hinter der Faust. In der sensomotorischen Fachsprache nennt man die Funktion eines in dieser Form ruhend gehaltenen Armes, während der andere sich bewegt, die Referenzarmfunktion.

Wenn Anfänger den dritten Satz der SiuNimTau üben, kann man bei praktisch allen beobachten, dass sich der Arm, welcher die SaoChong-Position halten sollte, im Raum zu bewegen beginnt, sobald der Praktizierende den zweiten Arm bewegt. Am häufigsten sieht man, dass die Faust nach unten sinkt, sich dreht oder der Ellbogen nach außen geht. Bei beiden Ausweichbewegungen wird im Spiegel oder von vorne betrachtet der Unterarm sichtbar.

Erst mit der Zeit gelingt es dem Schüler, den einen Arm zu bewegen, ohne den anderen dabei zu vergessen. Diese Aufgabenteilung ist später für das ChiSao, wo jeder Arm unabhängig vom anderen agieren und reagieren muss, unabdingbar.

SaoChong aus sensomotorischer Sicht

Aus neurologischer Sicht ist es die Aufgabe der Propriozeptoren, zu registrieren, wann und wie sich ein Körperabschnitt im Raum und gegenüber dem Rest des Körpers bewegt. Dabei unterscheidet man drei verschiedene Propriozeptions-Typen:

- Muskelspindeln: Bewegungssensoren
- Golgi-Sehnen-Apparat: Spannungssensoren
- Druckrezeptoren in Gelenken: Stellungssensoren

Während Muskelspindeln und Golgi-Sehnen-Apparat Bewegungsgeschwindigkeiten und Spannungen im Gewebe messen, um so dem Gehirn die nötigen Informationen zu geben, um die Position eines Körperabschnittes im Raum und gegenüber dem Rest des Körpers zu bestimmen, sind es nur die Druckrezeptoren in den Gelenkkapseln, welche dem Gehirn auch ohne Bewegung, also in Ruhe, propriozeptive Informationen liefern.

Die Muskelspindeln kommen erst dann wieder dazu, wenn eine Veränderung passiert. Die Gelenkrezeptoren wiederum arbeiten am effizientesten in Endstellungen der Gelenke, wo nachvollziehbar auch am meisten Druck in der Gelenkkapsel vorherrscht.

Betrachtet man nun die SaoChong-Position unter diesem Aspekt, so wird man feststellen, dass sich praktisch alle Gelenke des Armes, mit Ausnahme des Handgelenkes, in der Endstellung befinden. Die Schulter ist in maximaler Extension und Ellbogen und Fingergelenke sind in endgradiger Beugung.

SaoChong ist also aus sensomotorischer Sicht die bestmögliche Position, um einen Referenzarm zu entwickeln, also die Fähigkeit des im Raum ruhenden Armes, während der andere Arm oder der restliche Körper bewegt wird.

Betrachtet man diese neurologischen und sensomotorischen Hintergründe, erkennt man, wieso es durchaus sinnvoll sein kann, mit der Form anzufangen, dann DaanChi mit derselben Referenzarmposition zu beginnen und dann erst ins ChiSao und PoonSao überzugehen, wo beide Arme in Bewegung sein werden. Dieses Vorgehen folgt aus neurologischer Sicht einem sinnvollen Ablauf, um effizientes sensomotorisches Lernen schnellstmöglich zu ermöglichen.

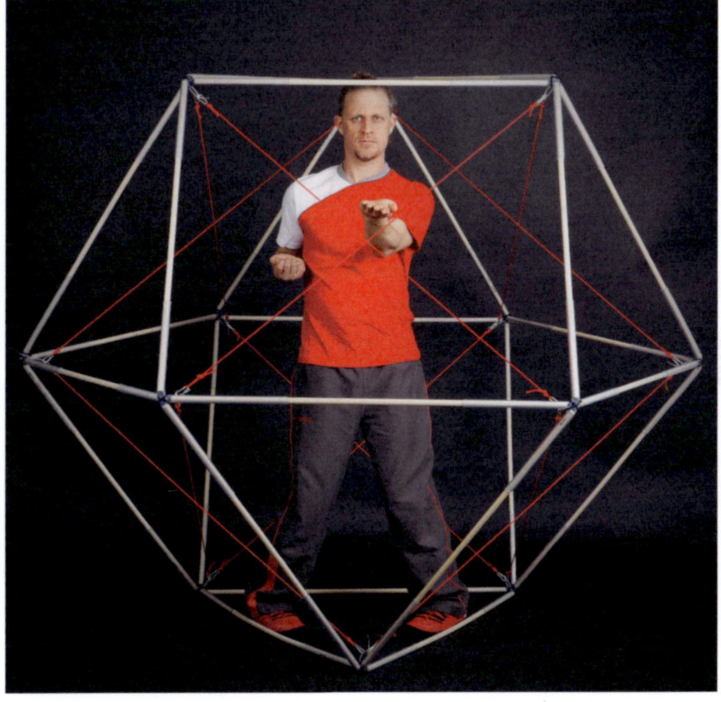

Die rechte Hand ist in Referenzarm-Position, während die linke bewegt wird. Vom rechten Arm sollte nur die Faust, die Ellbeuge und der Oberarm zu sehen sein.

Punkt 3: Etablieren der Mitte oben / unten:

Wie im Kapitel über den IRAS bereits beschrieben, entspricht das erste Absinken dem Fallingstep (Absinken von den gestreckten Beinen bis oberste Grenze, wo die Energie auf Höhe der Trochanter zu spüren ist).

Von der oberen Grenze des Standes sinken wir mit einsaugender Außenrotation der Hüfte (öffnen der Füße) bis zur unteren Grenze des Standes ab.

Beim anschließenden Herausdrehen der Fersen bei Wahrung der Mitte geht das Becken unter Etablierung der Corestability-Aktivität wieder leicht hoch und erreicht die Mitte zwischen der oberen und der unteren Grenze des Standes, sobald der IRAS (Sechzig-Grad-Winkel der Füße) erreicht ist.

Die Mitte darf nicht ruhen, denn das Jetzt verändert
sich stetig.

Wer sich mit dem jetzt verändert und in der Mitte
bleibt, findet Frieden auch wenn ihm das Leben keine
Ruhe lässt.

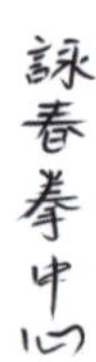

Kontrolle der IRAS-Position:

Die einfachste Methode, die Fußposition des IRAS zu kontrollieren, basiert einmal mehr auf der genialen Geometrie in unserem Körper. Wenn der Winkel zwischen den Füßen stimmt, kann man sich mit gestrecktem Rücken nach vorne beugen und mit den Händen lotrecht in der Schwerkraftlinie nach unten gehen.

Gleichzeitig geht man tiefer in die Knie und führt diese zusammen. Wenn die Position der Füße stimmt, werden die Knie sich dann gegenseitig berühren, sobald die Fingerspitzen den Gelenkspalt der Kniegelenke erreichen. Der Grund für dieses Zusammenstimmen liegt wieder in der höheren Geometrie des Körpers mit dem Goldenen Schnitt und der Fibonacci-Folge.

Ist der Winkel zwischen den Füßen zu steil, stehen die Füße also zu gerade, so kommen die Knie gar nie zusammen. Ist der Winkel zu flach, sind die Füße also zu stark eingedreht, fallen die Knie zusammen, bevor die Hände die höhe der Kniegelenke erreichen.

Kontrolle des IRAS über die Körpergeometrie:

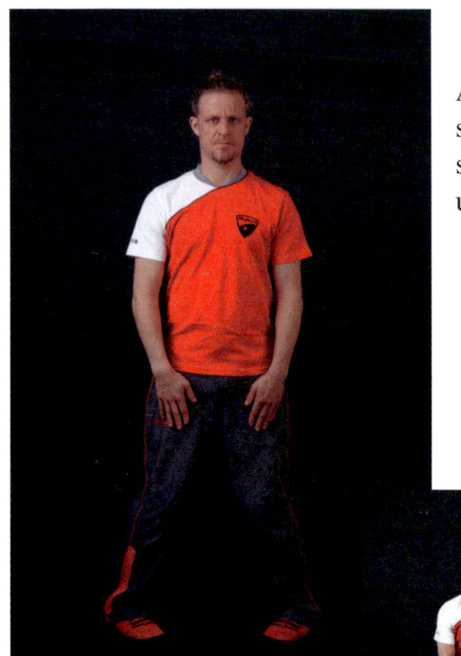

Aus dem IRAS lässt man das Skelett in sich zusammenfallen. Dabei bewegen sich die Körperabschnitte harmonisch und gleichmäßig.

Wenn die Knie sich berühren und Die Fingerspitzen den Kniegelenkspalt erreicht haben, hat sich der Körper maximal im Gleichgewicht zusammengezogen.

Ab jetzt müssten einzelne Abschnitte isoliert oder im unterschiedlichen Ausmaß bewegt werden, damit sich der Körper noch kleiner machen könnte.

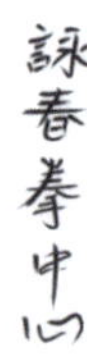

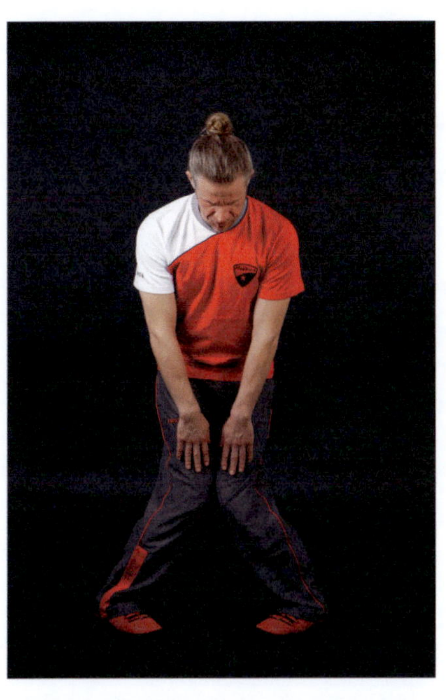

Fehler

Der Winkel der Füße ist mehr als sechzig Grad. Die Knie kommen zu früh zusammen, bevor die Hände das Kniegelenk erreichen.

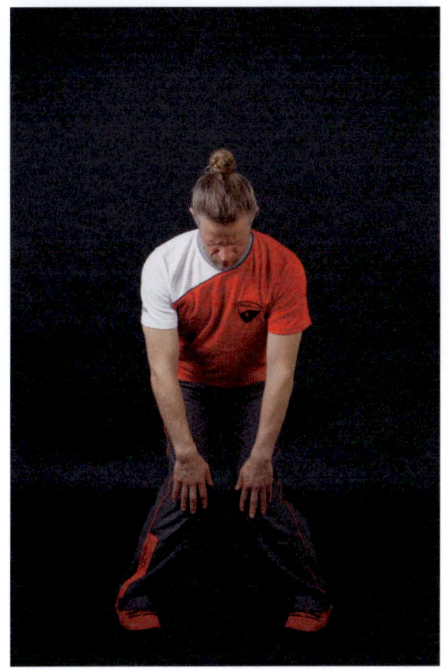

Fehler

Der Winkel der Füße ist weniger als sechzig Grad. Die Knie kommen beim Test nicht zusammen.

Der erste Satz

„Erkennen der hinteren oder körpernahen

Stabilitätsgrenze und der Sphäre des Ikosaeders"

Beim doppelten TanSao treffen sich die beiden Handgelenke eine handbreit entfernt von der Brust, auf Höhe des Solarplexus. Bei einem normal gebauten Menschen entspricht der Abstand zwischen der Außenseite des rechten Handgelenkes zur Brust auch dem Durchmesser des Brustkorbes. Da der Abstand vom Brustbein zur Achsel ebenfalls eine Handlänge beträgt, ergibt sich beim doppelten TanSao die Form eines Kreises oder genauer, da wir ja gerade Arme haben, eines gleichmäßigen Fünfeckes. In das gleichmäßige Fünfeck lässt sich der fünfzackige Stern, das Pentagramm einsetzen.

Wer die Ausführung zur Heiligen Geometrie, dem Goldenen Schnitt und dessen Verwandtschaft mit dem Pentagramm gelesen hat, wird von diesen Zusammenhängen nicht verwundert sein. Aus dem Pentagramm ergibt sich letztlich die Sphäre, welche in dieser Position, also im doppelten TanSao besteht. Es handelt sich um den Ikosaeder, welcher, wie wir im Kapitel über Heilige Geometrie gelesen haben, aus zwölf Pentagrammen aufgebaut werden kann. *(Siehe kleiner Dodekaederstern)* Der doppelte TanSao mit der Sphäre des Ikosaeders ist eine sehr stabile Position, welche auch bei großem Druck von Außen auf die Handgelenke ohne Kraftaufwand gehalten werden kann.

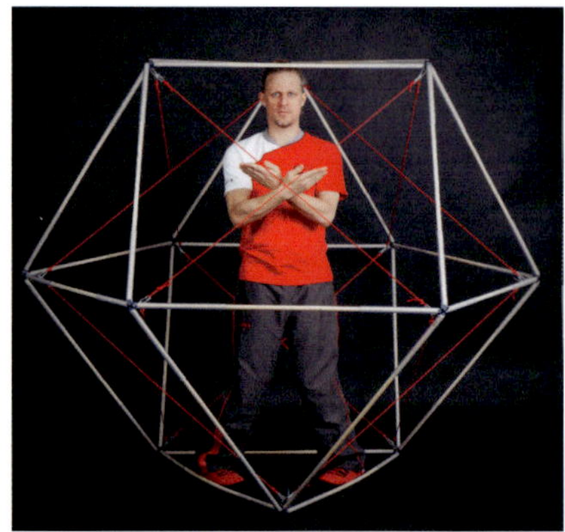

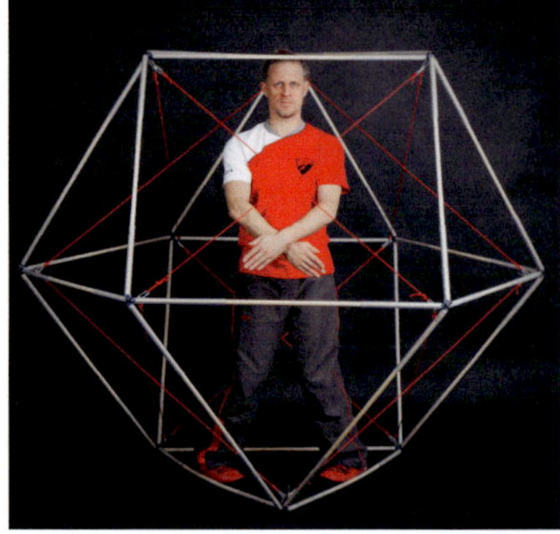

Diese Position entspricht der hinteren Stabilitätsgrenze, wie ich den Ausführungen zum dritten Satz genauer erklären werde.

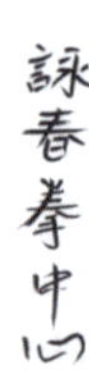

Der zweite Satz

„Wahren der Mitte, Erkennen der absoluten Grenzen

und

selektive Ansteuerung derArmgelenke"

Im zweiten Satz der SiuNimTau, dem zentralen Fauststoß, wird die Faust auf kürzestem Weg von der körpernahen absoluten Grenze zur vorderen absoluten Grenze bewegt. Es geht in diesem Satz neben dem Wahren der Mitte und des Gleichgewichtes während des Fauststoßes um die selektive Ansteuerung der Armgelenke.

Im WingChun ist die Rede von ganzkörperlichen Schlägen, dem sogenannten Sieben-Gelenke-Schlag. Man versteht darunter, dass alle Gelenke, also Füße, Knie, Hüften, Wirbelsäule, Schultern, Ellbogen und Handgelenke am Schlag beteiligt und in den Schlag eingebracht werden. Die meisten WingChun Schulen interpretieren den Sieben-Gelenkeschlag als eine Bewegung, die aus dem Boden kommt, und richten sich bei der Ausführung des Fauststoßes von den Füßen über die Knie, Hüften, Lendenwirbelsäule und Brustkorb auf, während die Schultern und der Kopf zurückgehen und der Arm nach vorne kommt.

Diese Ausführung funktioniert aber bei genauer Betrachtung nur bei einem leichteren Gegner oder einem Gegner, der bereits aus dem Gleichgewicht ist. Ist das Gegenüber im Gleichgewicht, kommt die Kraft vom Gegner über das Gestänge zu einem zurück und würde wieder in den Boden abgeleitet. Da man sich jedoch, aus meiner Sicht fälschlicherweise, beim Sieben-Gelenke-Schlag aufgerichtet hat, wird man das Gleichgewicht nach hinten verlieren.

Im Sieben-Gelenke-Schlag, wie ich ihn verstehe, sind auch alle Gelenke enthalten. Die Bewegung startet aber nicht in den Füßen, sondern in der Körpermitte – im absoluten Nullpunkt. Von dort schicke ich die Kraft direkt in die Ellbogen. Der Brustkorb und die Schulter leiten die Energie nur an den Ellbogen weiter, bewegen sich selbst jedoch nicht und verharren in der neutralen Position – in der Mitte.

Die Füße, Knie und Hüften werden, nach meinem Verständnis, genau umgekehrt zum allgemeinen Verständnis eingesetzt. Ich sauge die Füße, Knie und Hüften beim Fauststoß jeweils nach oben in den absoluten Nullpunkt hinein. Dadurch kann ich mein gesamtes Körpergewicht in den Schlag bringen und vermindere gleichzeitig den Kontakt zum Boden, was mich davor schützt, dass allfällige Bodenreaktionen gegen mich eingesetzt werden könnten.

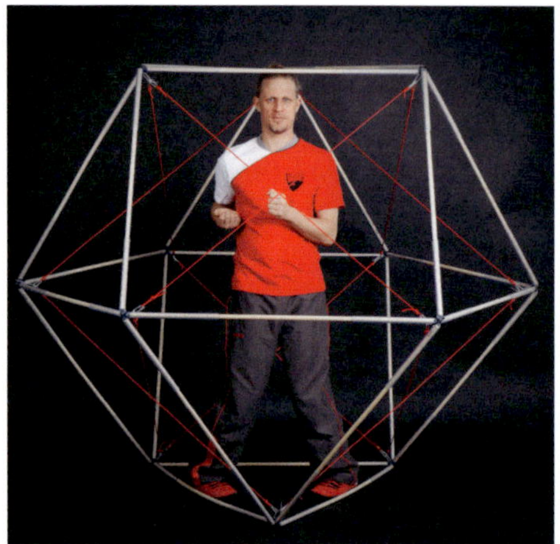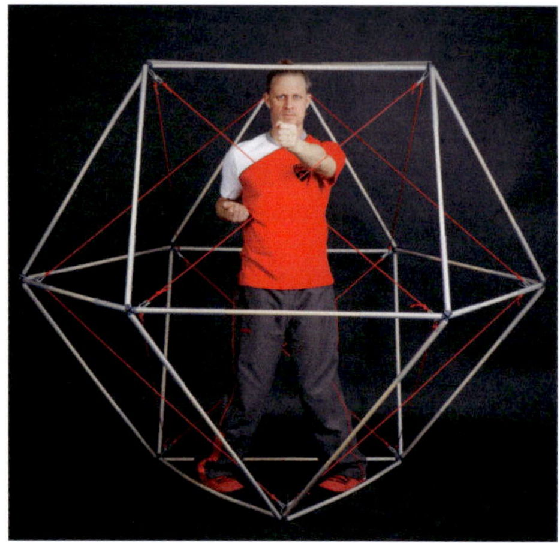

Beim Fauststoss wird die Faust auf direktestem Weg von der hinteren absoluten Grenze zur vorderen absoluten Grenze bewegt.

Zum selektiven Ansteuern der Armgelenke

Das selektive Ansteuern der Armgelenke beginnt schon, wenn man die Faust aus dem SaoChong kommend senkrecht vor der Brust positioniert. Wer sich dabei gut beobachtet, wird feststellen, dass sich dabei automatisch der große Brustmuskel (M. Pectoralis) und der Große Schultermuskel (M. Deltoideus) anspannen.

In diesem Teil der Bewegung geht es aber genau darum, diese beiden Muskel und somit den gesamten Brustkorb und Schulterbereich maximal entspannt und in der Mitte ruhend zu halten. Mir persönlich hilft es, mir vorzustellen, die Energie gehe direkt vom absoluten Nullpunkt in den Ellbogen.

Der Ellbogen, genauer gesagt die Ellbogenspitze, ist dabei sehr schwer und hängt lotrecht nach unten. Durch diese Vorstellung schalte ich den Brustkorb und die Schultern mental aus und lasse die Bewegung nur passiv durch diese hindurchfließen.

Wenn die Faust vor der Brust vorstößt, wird diese mit derselben Vorstellung aus dem absoluten Nullpunkt durch den Ellbogen nach vorne geschleudert. Dabei bleibt der Arm, inklusive der Faust maximal entspannt. Im gestreckten Fauststoß geht es mit dem Trainieren der selektiven Ansteuerung weiter.

Das Ausdrehen des Armes in den gestreckten TanSao beginnt in der Schulter. Erst dreht der Oberarm, dann der Ellbogen, dann der Unterarm und erst dann die Hand, wobei sich die Hand am Schluss noch öffnet. Ich lege Wert darauf, dass sich auch die Hand von nahe zu fern öffnet. Damit meine ich, dass erst die Fingergrundgelenke sich öffnen, dann die Fingermittelgelenke und erst dann die Fingerspitzen.

Warum ich so sehr Wert darauf lege, hat zwei Gründe. Zum einen führe ich das Prinzip, welches mir mein Si-Fu ans Herz gelegt hat, also dass die Bewegung in den Schultern beginnt, weiter. Zum anderen entspricht diese Form des Öffnens einem universellen und natürlichen Prinzip. Blumen, aber auch Farne, welche wie die Hand auch die Goldene Spirale in sich tragen, öffnen oder, noch besser, entfalten sich nämlich nach demselben Prinzip.

HuenSao

Weiter geht es mit dem selektiven Ansteuern beim Beugen des Handgelenkes und Zurückziehen der Finger. Motorisch schwierig dabei ist für den Anfänger, dass der Ellbogen gestreckt bleiben soll.

Der Grund dafür ist, dass die Unterarmmuskeln, welche das Handgelenk beugen, auch über den Ellbogen hinaus zum Oberarm gehen, und somit auch beugende Funktion auf den Ellbogen haben. Des Weiteren werden nun auch noch die beiden Hauptbeuger des Ellbogens, der M. Brachialis und der Bizeps animiert und wollen nun automatisch mithelfen um den Arm zu beugen.

Es braucht viel selektive Kontrolle und geteilte Aufmerksamkeit, um die Schulter, den Oberarm und die Beugemuskeln des Ellbogens bestmöglich entspannt zu halten, während sich das Handgelenk endgradig beugt und die Sehnen der Unterarmstrecker auf volle Länge kommen. Sensomotorisch betrachtet, steckt in dieser Bewegung schon extrem viel betreffend der Entwicklung von geteilter Aufmerksamkeit und später Achtsamkeit, als Voraussetzung für ChiSao.

Man hat die Referenzarmfunktion im SaoChong im unbewegten Arm zu halten, während man Gelenk um Gelenk bei maximaler Entspannung und Aufrechterhaltung der entspannten Mittelstellung im Brustkorb und im Schultergürtel öffnet. Danach sollen die Sehnen der hinteren Unterarmmuskeln auf dehnende Spannung gebracht werden, wobei alle unbeteiligten Gelenke und Muskeln von Oberarm und Schulter und Brustkorb so entspannt wie möglich unbewegt bleiben müssen.

Der HuenSao ist meines Erachtens eine sehr wichtige Bewegung und ein einzigartiges Achtsamkeitstraining. Auch mein Si-Fu GM Schembri betont die Wichtigkeit, dass diese Bewegung bewusst und langsam durchgeführt werden soll. Die meisten üben sie leider viel zu unbewusst und ungenau, um ihren wahren Wert zu erkennen.

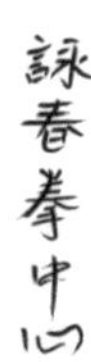

Der dritte Satz

*„Erkennen der Stabilitätsgrenzen und des sicheren oder neutralen Bereiches
in der Sagitalebene.*

Schulung der geteilten Aufmerksamkeit als Voraussetzung für Achtsamkeit. "

Aus Sicht der Biomechanik der Mitte ist der dritte Satz der Wichtigste. Auch er soll langsam und sehr bewusst geübt werden. Wie schon erwähnt, verfolgt er wie der zweite Satz auch schon die Schulung der selektiven Ansteuerung, geteilten Aufmerksamkeit (Referenzarmfunktion in SaoChong-Position) und führt uns letztlich in Richtung der allumfassenden Achtsamkeit.

Das Erkennen der Stabilitätsgrenzen

Zur Erkennung der Stabilitätsgrenzen dient im dritten Satz der SiuNimTau der Zyklus: WuSao, Fallenlassen der Hand, FookSao, Aufstellen der Hand und das anschließende Zurückbewegen des Armes in die WuSao Position. Was diese Bewegung mit den Stabilitätsgrenzen zu tun hat, merkt man am effizientesten, wenn man folgenden Selbstversuch macht:

... zur vorderen Stabilitätsgrenze:

Stell Dich mit den Füßen ganz zusammen hin. Achte nun auf den Druck unter den Füßen, während Du einen Arm bzw. eine Faust langsam nach vorne bewegst, bis du merkst, dass der Körper mit einer Stellreaktion reagiert und Du mehr auf dem Vorfuß zu stehen kommst.

Wenn Du diese Bewegung einige Male wiederholst, wirst Du feststellen, dass die Gewichtsverlagerung immer zum gleichen Zeitpunkt erfolgt. Weiter wirst Du feststellen, dass die Position, wo dies passiert, zwei Handlängen vor der Brust liegt, also exakt dort, wo Du in der Form nach dem FookSao die Hand wieder aufstellst.

Dies entspricht der vorderen Stabilitätsgrenze.

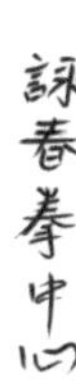

... zur hinteren Stabilitätsgrenze:

Mach nun die umgekehrte Bewegung, also das Zurückbewegen der Faust und achte dabei darauf, ab welcher Armposition Du eine Gewichtsverlagerung in Richtung Ferse machst.

Du wirst feststellen, dass dies wiederum immer in derselben Position passiert, nämlich wenn die Hand eine Handlänge vor der Brust steht, also im gleichen Abstand vom Brustbein wie beim doppelten TanSao.

Energetisch sphärische Betrachtung WuSao-FookSao-Zyklus

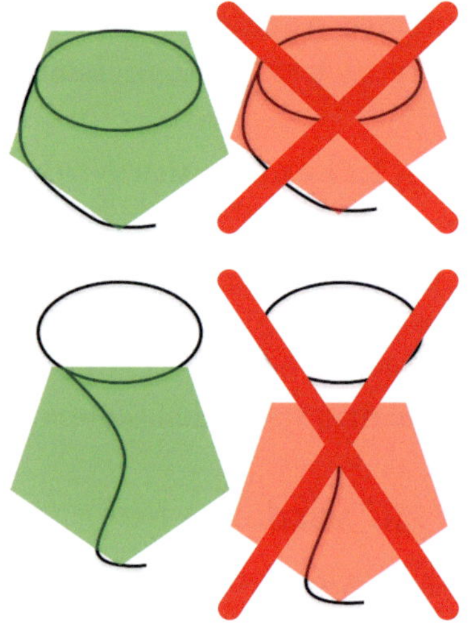

Wie schon in den Ausführungen zum ersten Satz angekündigt, handelt es sich bei der Position des doppelten TanSaos oder hier im dritten Satz, der Position der WuSao-Hand, um die Sphäre des Ikosaeders. Der Ikosaeder ist eine in sich recht stabile Struktur und nimmt im Sinne der Stabilität von den platonischen Körpern die Mittelstellung ein. Nur der Oktaeder und der Tetraeder sind noch stabiler, wobei der Tetraeder die in sich stabilste Form überhaupt ist.

Beim vorstoßen des FookSao und dem anschließenden Zurückbewegen des Armes bewegt der Übende diese Sphäre des Ikosaeders aus sich heraus, bis dessen Rückseite die vordere Körpergrenze erreicht. Würde man den Arm noch weiter nach vorne bewegen, würde es zur Gewichtsverlagerung auf den Vorfuß kommen. Man würde also das Gleichgewicht verlieren, da der Ikosaeder den Kontakt mit dem Rumpf verlieren würde.

Beim anschließenden Zurückbewegen darf die Hand nur so weit zum Körper bewegt werden, dass die Sphäre des Ikosaeders die Rückseite des Brustkorbes erreicht. Jede weitere Annäherung der Hand zum Brustkorb würde eine Gewichtsverlagerung in Richtung Ferse bewirken. Man verliert also das Gleichgewicht, weil die Sphäre des Ikosaeders hinten aus dem Brustkorb heraustritt.

Die Bildfolge zeigt, wie beim WuSao-FookSao Zyklus die Sphäre des Ikosaeders vor und zurück bewegt wird, ohne die Grenzen zu überschreiten!

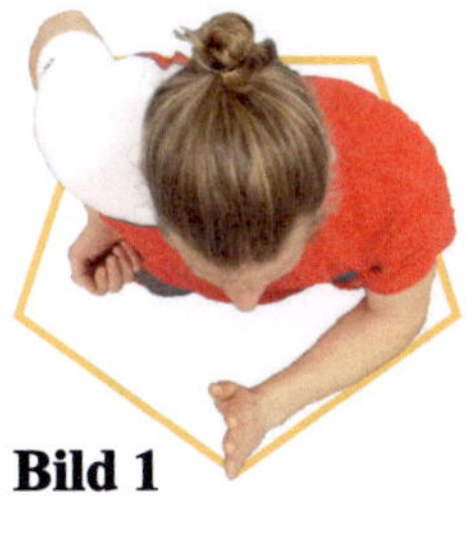

Bild 1

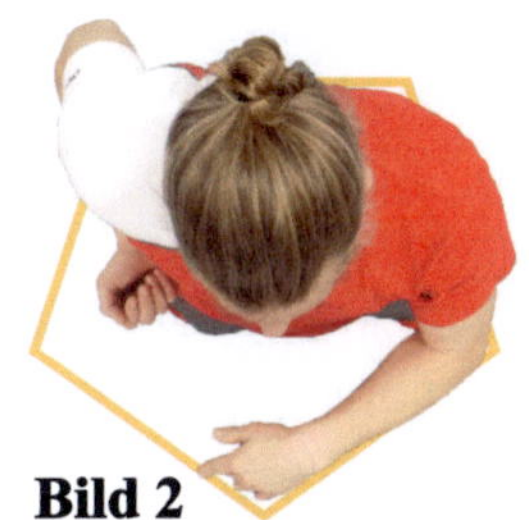

Bild 2

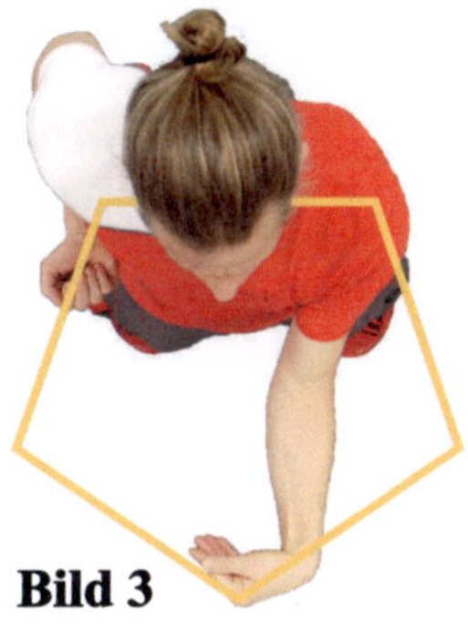

Bild 3

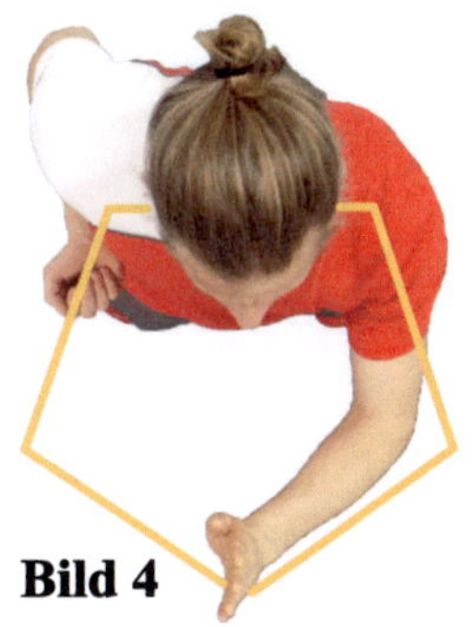

Bild 4

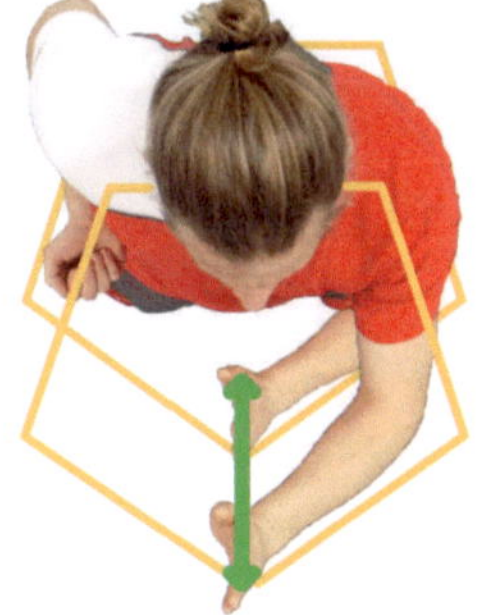

Durch das Übereinanderlegen von Bild 1 und Bild 4 wird der neutrale oder sicherer Bereich (grün) zwischen den Stabilitätsgrenzen sichtbar. In diesem Bereich können wir uns relativ gefahrlos bewegen.

Keine Ganzkörperbewegung für Anfänger:

Man kann den dritten Satz auch im Sinne einer Ganzkörperbewegung durchführen.Auch hier sieht man verschiedene Ausführungsformen. Die einen holen wie beim Fauststoß die Kraft aus dem Boden und werden größer, andere lehnen zurück usw.

Ich persönlich verfolge dieselben Ziele mit der Körperbewegung wie beim Fauststoß und senke mich durch Einsaugen der Füße, Knie und Hüfte in meinen DanTien, unter Verminderung des Bodenkontaktes, ab. Dieses Absenken kann mit einer Sanduhr verglichen werden, wo Sandkorn um Sandkorn nach unten rieselt.

Mit der gleichen Vorstellung sauge ich die Füße Sandkorn um Sandkorn oder Zelle um Zelle nach oben vom Boden weg. Diese Vorstellung verfolge ich sowohl beim Vorstoßen des FookSaos wie auch beim Zurückbewegen des Ellbogens. Ich mache das so, weil ich, wie schon erwähnt, mich nicht unnötig mit dem Boden verbinden will, sobald eine Kraft auf mich wirkt.

Der Anfänger soll jedoch meiner Meinung nach möglichst lange auf die Ausführung des dritten Satzes als Ganzkörperbewegung verzichten. Wenn man den dritten Satz als Ganzkörperbewegung ausführt, verschwimmen die klaren Grenzen, die man bei langsamer und isolierter Ausführung mit dem Arm klar wahrnehmen und verinnerlichen kann.

Auch ich als fortgeschrittener Anfänger führe den dritten Satz immer wieder mit isolierter Armbewegung aus und konzentriere mich dabei auf die Vorstellung der Sphäre, also des Ikosaeders. Auf diese Weise kann der Übende die Stabilitätsgrenzen in der Sagittalebene bestmöglich kennenlernen und somit sich und seine Grenzen erkennen und verinnerlichen.

Der PakSao – Erkennen der seitlichen Stabilitätsgrenze

Den Abschluss des dritten Satzes bildet der PakSao. Auch beim PakSao geht es um das Erkennen von Stabilitätsgrenzen – nun aber um die seitlichen Stabilitätsgrenzen. Was es genau mit dem PakSao und der seitlichen Stabilitätsgrenze auf sich hat, werde ich in meinen Ausführungen zum fünften und sechsten Satz behandeln, da wir uns in diesen beiden Sätzen ausführlicher mit der seitlichen Stabilitätsgrenze befassen.

Der vierte Satz

*„Erkennen der absoluten Grenzen der Arme und somit unserer
physischen und energetischen Reichweite"*

Für Fortgeschrittene:

*„ Koordination von Arm und Rumpf im Sinne einer
Ganzkörperbewegung ausgehend vom DanTien"*

Während der dritte Satz die Stabilitätsgrenzen in der sagittalen Ebene lehrt, wird im vierten Satz das Bewegungsspektrum der Arme auf derer gesamter Wirkungsbereich erweitert. Wiederum lohnt es sich, aus Sicht der sensomotorischen Entwicklung für den Anfänger und für den Fortgeschrittenen unterschiedliche Schwerpunkte die Bewegung und auch die Achtsamkeit betreffend, festzulegen.

Für den Anfänger

Für den Anfänger soll primär die richtige Ansteuerung der Bewegung und das Erkennen des Wirkungsbereiches der Arme im Vordergrund stehen. Wenn wir alle Punkte, in denen wir die Arme im vierten Satz gestreckt haben, sphärisch verbinden, werden wir feststellen, dass dies alles Punkte auf dem GVE sind.

Für den Fortgeschrittenen;

„Alles kommt aus der Mitte und geht zur Mitte."

„Bleibe frei und unabhängig von der Umwelt."

Für den Fortgeschrittenen geht es wiederum um die Bewegung aus der Mitte und um das Wahren der Mitte. So soll er bei jeder Bewegung auf die Lockerheit und Neutralstellung von Schultern und Brustkorb achten, indem der gesamte Oberkörper bei jedem Schlag zum Nullpunkt fällt. Weiter sollen Füße, Knie und Hüfte wie schon beschrieben die ganze Zeit vom Boden weggezogen, also vom Nullpunkt angesaugt werden. Speziell im zweiten Teil des vierten Satzes ist das extrem wichtig, wenn wir uns mit TockSao und anschließend ChatSao in der Frontalebene bewegen und nicht angreifbar sein wollen.

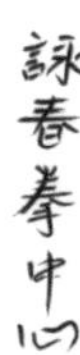

Abbildung 1 – 7 zeigen alle Positionen im vierten Satz, wo die absolute Reichweite der Arme abgetastet wird.

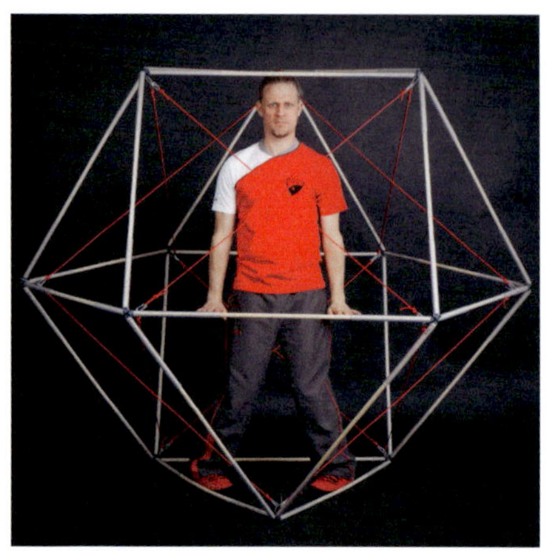

Bild 1

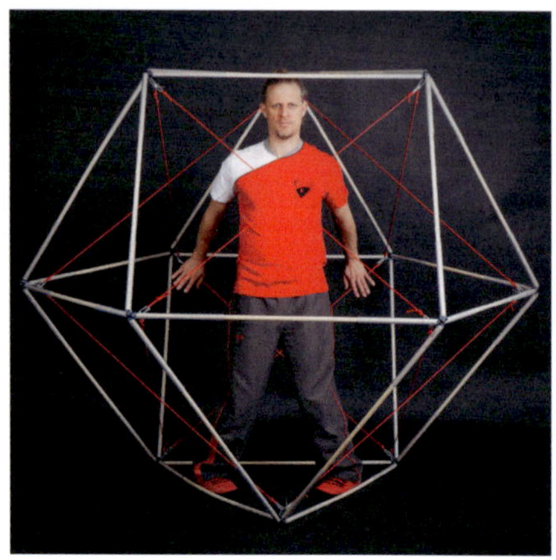

Bild 2

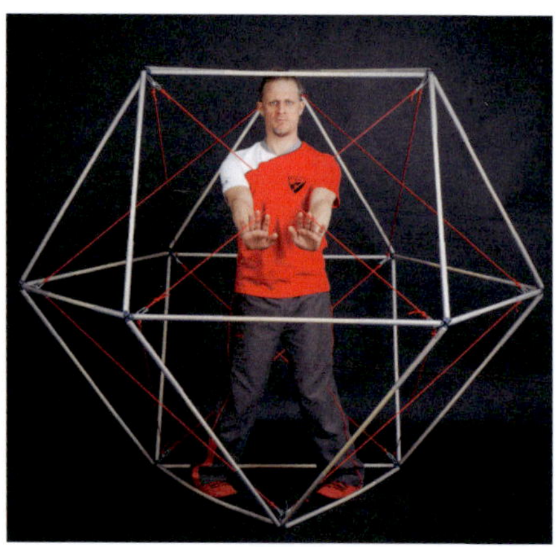

Bild 3

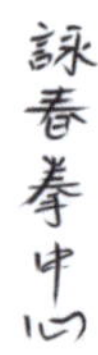

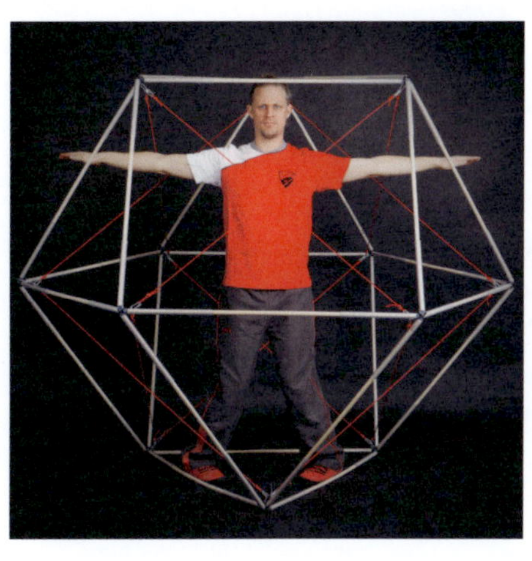

Bild 4

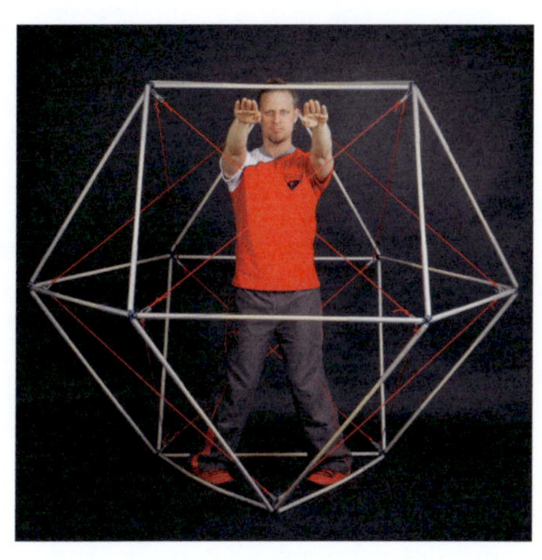

Bild 5

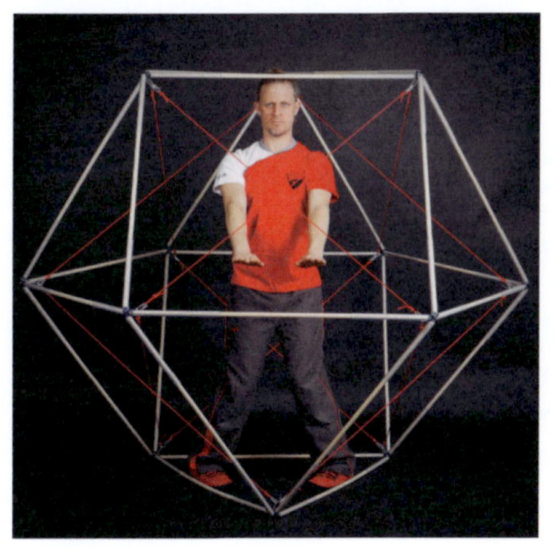

Bild 6

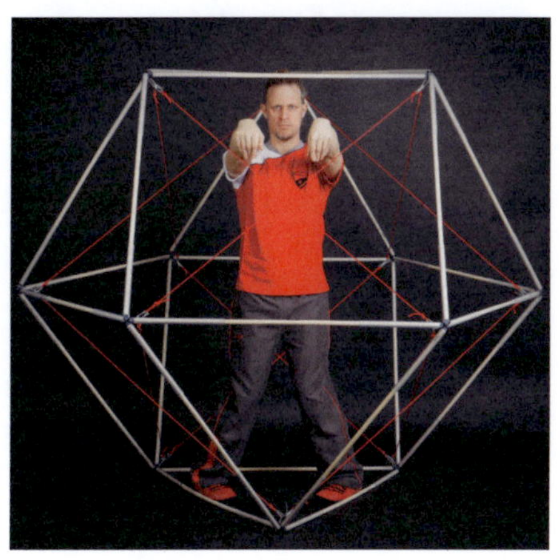

Bild 7

Der fünfte Satz

„Erkennen der seitlichen Stabilitätsgrenze und der sphärischen Energie

entlang des kleinen VE's des Oberkörpers beim Innen-PakSao"

Der fünfte Satz ist, verglichen mit dem vierten Satz, kurz und simpel und wird deswegen vielleicht auch wenig bis kaum hinterfragt.

Aus sensomotorischer Sicht geht es im fünften Satz um das Erkennen der seitlichen Stabilitätsgrenze. Diese wird gebildet durch die äußere Schulterlinie. Geht der PakSao über diese Grenze hinaus, sind wir auf Druck instabil, weil aufgrund des zu gestreckten Ellbogens die Kraft leicht unsere Schulter und somit das schwache Zentrum erreichen kann.

Um bei der Ausführung des Innen-PakSao in sich selbst stabil zu sein, reicht das Beachten der seitlichen Stabilitätsgrenze allein jedoch nicht aus. Macht man den PakSao zu nahe bei der Brust oder zu weit entfernt, wirkt sich dies auch sehr negativ auf die Stabilität aus.

Der PakSao muss entlang der sphärischen Linie des absoluten Gleichgewichtes, also des Äquators des KVE's erfolgen. Nur so, im absoluten Gleichgewicht aus der Mitte heraus, kann auch eine schmächtige Person den sphärischen Eigenschutz gegenüber körperlich stärkeren Gegnern gewährleisten.

Damit kommen wir zum zweiten wichtigen Punkt beim Innen-PakSao die Anwendung betreffend, nämlich der sphärischen Energie. Der Innen-PakSao darf in der Anwendung nicht einfach nur eine reine Bewegung zur Seite sein, sondern muss zusätzlich eine sphärische Energie beinhalten, von der sich der Gegner wegdrücken würde, wenn er versucht in unsere Sphäre einzudringen.

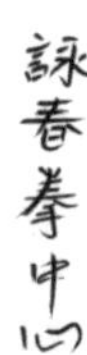

Aufgrund dieser Erkenntnis instruiere ich heute meinen Schülern den PakSao als „Streicheln von Buddhas Bauch". In China wird Buddha oft mit einem dicken Kugelbauch dargestellt.

Wer einen PakSao mit der Vorstellung ausführt, seinen „Buddha-Bauch" zu streicheln, schafft dank dieser Vorstellung eher diese sphärische Energie. Dabei ist die Achtsamkeit in der Bewegung außen, also sogenannt yang-seitig, die Energie verläuft jedoch innen durch, also sogenannt yin-seitig. Was ich damit meine, erklärt sich am einfachsten anhand einer kleinen Partnerübung:

Der Übende steht im IRAS und hält mit seinen Armen seinen Bauch. Dabei berührt der gesamte Unterarm inklusive der Ellbogen den Körper. Der Partner fasst ihn nun von vorne an den Bizeps oberhalb der Ellbogengelenke und hält ihn fest. Nun soll der Gehaltene die Arme entlang des Körpers bewegen.

Beim ersten Mal soll er den Fokus außen am Arm also yang-seitig haben. Wenn er es so macht, wird er feststellen, dass er das Gleichgewicht sofort nach hinten verlieren wird. Beim zweiten Versuch soll er nun den Fokus innen, also yin-seitig haben und seinen eigenen Bauch streicheln. Er wird nun feststellen, dass er die Bewegung viel leichter ausführen kann und der Partner verdrängt wird, dieser also sein Gleichgewicht nach hinten verliert.

Beim PakSao verhält es sich ähnlich. Schickt man die Energie yang-seitig durch kann man zwar, wenn der Gegner das zulässt, dessen schwaches Zentrum und somit sein Gleichgewicht kontrollieren. Ist dieser jedoch wach, kann er diese Energie als Druck ausnutzen, um uns das Gleichgewicht zu rauben.

Schickt man die Energie an der Innenseite des Armes also yin-seitig durch, hat man trotzdem die Kontrolle am Kontaktpunkt, geht dabei aber nicht aus sich heraus, während man den PakSao macht. Jeden Druck, welchen der Gegner während der PakSao-Bewegung auf uns ausübt, wird sofort reflektiert, wodurch er sich selbst wegdrückt.

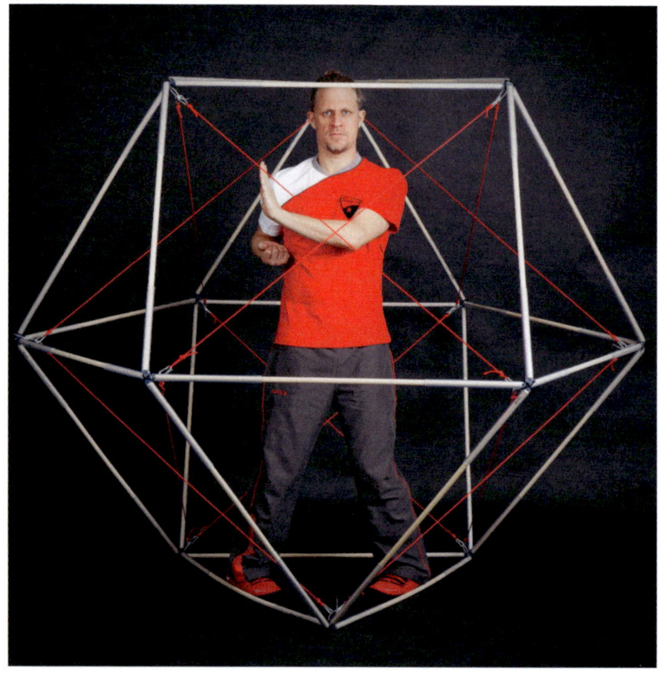

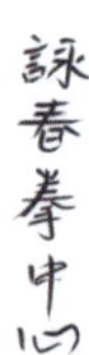

Der sechste Satz

Die sensomotorischen Lernziele des sechsten Satzes können in zwei verschieden Ziele unterteilt werden.

1.) Innen und oben schließen und erkennen der senkrechten Körperlinien

Der Satz beginnt mit einem zentralen TanSao, wo die Innenseite des Ellbogens und des Unterarms die senkrechte Mittellinie des Körpers (mittlere Sagittalebene) berührt. Beim darauffolgenden ChamSao bleiben die Finger auf der Mittellinie, während der Ellbogen auf die Ohrenlinie wechselt. Die Ohrenlinie ist die senkrechte Linie, welche eine Körperhälfte in der Mitte teilt. Bei der ChamSao-Bewegung vollzieht der Ellbogen eine Kreisbewegung nach unten und außen.

Da das Zentrum der Kreisbewegung in der Mitte des Unterarmes liegt, macht das Handgelenk ausgleichend eine Kreisbewegung nach innen unten. Dadurch entsteht eine doppelschließende Energie (von außen nach innen und von oben nach unten) beim Handgelenk. Danach wandert der Ellbogen während des GwatSaos unter die Schulter, worauf die Außenseite des Armes die äußere Schulterlinie und die Innenseite des Armes die innere Schulterlinie bildet.

2.) Erkennen der gesamten seitlichen Stabilitätsgrenze

Im zweiten Teil des sechsten Satzes geht es um das Erkennen der gesamten seitlichen Stabilitätsgrenze. Auch hier gilt, wie beim fünften Satz, dass an der seitlichen Stabilitätsgrenze nur dann der Schutz gewährleistet ist, wenn der Abstand zum Körper stimmt.

Auch hier liegt dieser wieder bei der energetischen Nullebene, also in der Mitte zwischen der hinteren und der vorderen Stabilitätsgrenze, auf der Sphäre des KVE's. Sobald man diese Ebene des absoluten Gleichgewichtes verlässt, verteilt sich die Energie des Gegners nicht mehr so ökonomisch, was durch Muskelkraft kompensiert werden muss.

Nach dem GwatSao soll die Hand so gedreht werden, dass die Achtsamkeit an der Außenseite des Armes ist, an der äußeren Schulterlinie. Der Arm darf weder nach außen noch nach innen weichen. Er soll nur in sich rollen und dabei außen die Energie halten.

Der LauSao steigt darauf entlang der Stabilitätsgrenze nach oben bis zum Ohrläppchen. Der Abstand vor der Brust entspricht auch hier optimalerweise wieder dem Abstand der Äquatorlinie des KVE's. In dieser sehr schönen und wertvollen Formbewegung kann das Zusammenspielen zwischen Einsaugen der Füße als Gegenbewegung für das Aufsteigen der Arme sehr schön geübt werden. Dabei führt achtsam der Rumpf.

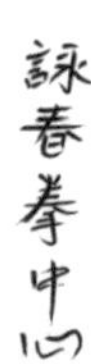

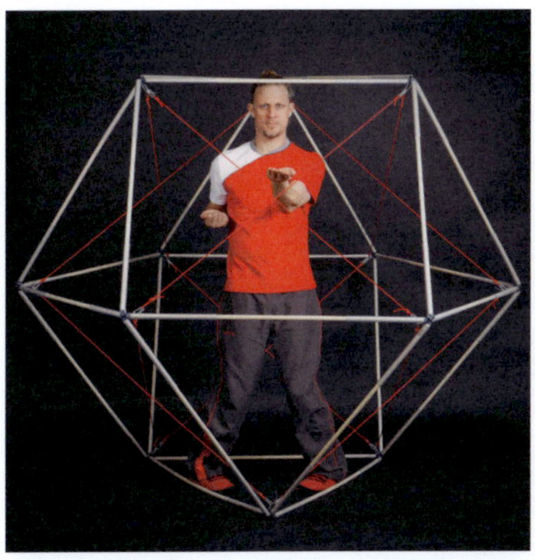

Der TanSao unter der Nase an der mittleren Sagittalebene des Körpers.

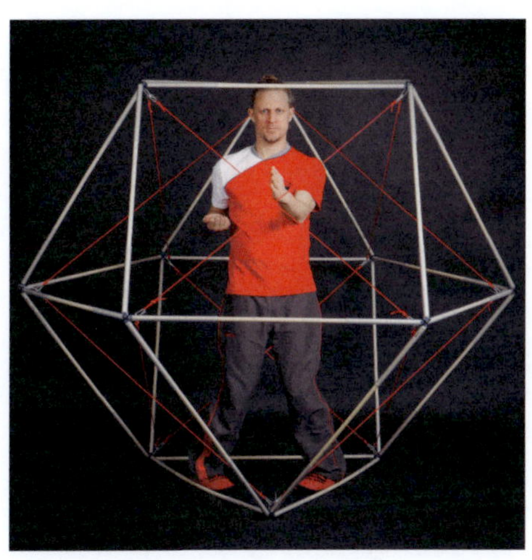

Beim ChamSao wandert der Ellbogen in einem Kreis auf der Frontalebene, nach unten außen unter das Ohr.

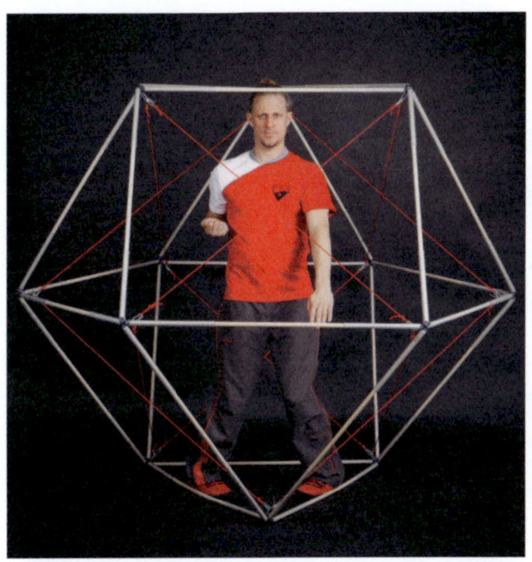

Nach dem GwatSao hat die Hand die seitliche Stabilitätsgrenze unter der Schulter erreicht.

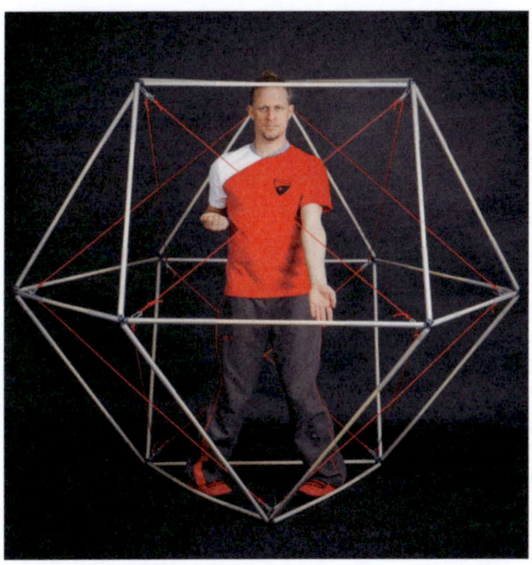

Der Arm rollt zentral, die Energie und die Achtsamkeit bleibt außen bei der seitlichen Stabilitätsgrenze.

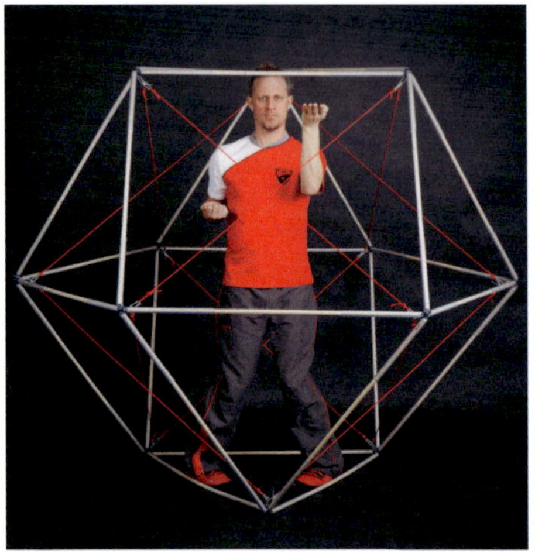

Beim LauSao steigt die Hand direkt unter der vorderen Oberkante des GVE's entlang der seitlichen Körpergrenze nach oben bis die Handfläche das Ohrläppchen erreicht.

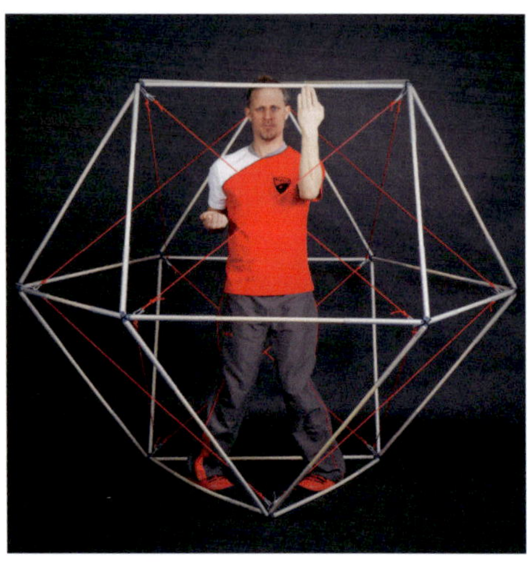

Beim anschießenden HuenSao berühren die Fingerspitzen in vertikaler Position die Oberkante des GVE's.

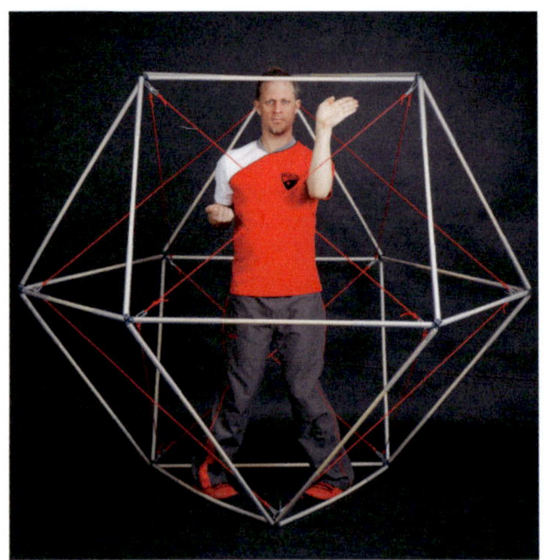

Die Hand wird mit dem HuenSao vollständig ausgedreht…

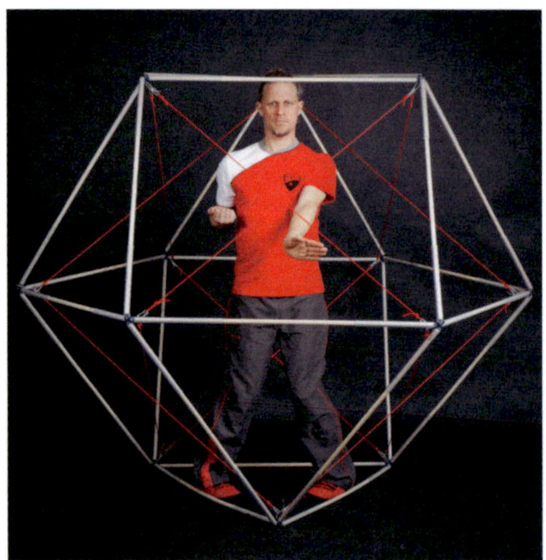

…und stößt dann ohne Ausholbewegung direkt als zentraler Handflächenstoß nach unten vor den Bauch.

Der siebte Satz

„Die Sphäre des kleinen VE's erkennen

und

Gleichgewicht zwischen Handgelenk und Ellbogen schaffen bei lockerer Schulter"

In der klassischen Ausführung des siebten Satzes, mit dem Wechsel vom Bong zum zentralen TanSao ist die sphärische Idee der Bewegungen nicht zu erkennen. Es handelt sich dort eher um eine Klappbewegung als um eine sphärische Bewegung.

Anders sieht es in der anderen, mir bekannten Version der Gesundheits-SiuNimTau aus. Dort wandert der Unterarm bei der Bewegung vom BongSao zum TanSao entlang der frontalen Stabilitätsgrenze nach außen zur seitlichen Stabilitätsgrenze. Wichtig ist, dass bei dieser Bewegung der Ellbogen und das Handgelenk die Waage halten.

Damit meine ich, dass sich beide gemeinsam, gleichwertig bewegen. Bewegt eines von beiden mehr als das andere, entsteht in der Sphäre ein Loch, wodurch ein Angriff durchrutschen könnte.

Gedanken zum BongSao

Allgemein wird der BongSao mit einem Winkel von 135 Grad angegeben. Wenn man die vorherigen Ausführungen über die Heilige Geometrie mit einbezieht, kann man diese Aussage durchaus in Frage stellen. Wir haben gesehen, dass sich der Goldene Schnitt als Konstante durch die ganze Natur hindurchzieht und in der Natur für Effizienz und Ökonomie sorgt (siehe Goldener Winkel S.22)

Bedenkt man, dass im ganzen Körper der Goldene Schnitt als Längenverhältnis zwischen Körperabschnitten überall vorkommt, ist die Hypothese aus meiner Sicht angebracht, dass der Winkel des BongSaos im Sinne der maximalen Ökonomie dem Goldenen Winkel entsprechen müsste, also 137,5 Grad statt 135 Grad. Da die Differenz minimal ist und sich bisher niemand tiefgehend mit der Geometrie im WingTsun beschäftigt hat, blieb dieser Zusammenhang bis anhin unentdeckt.

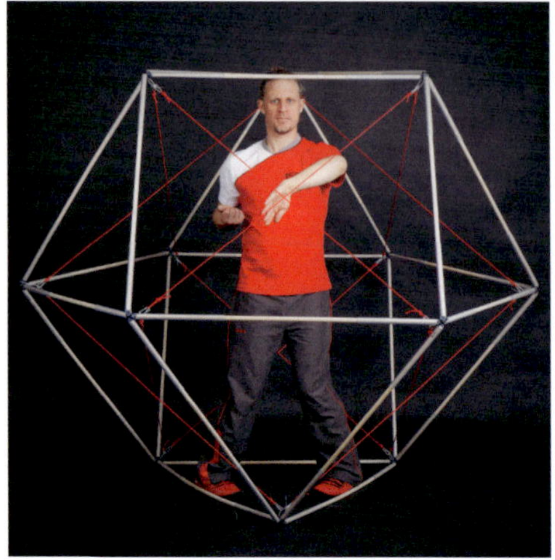

Position 1

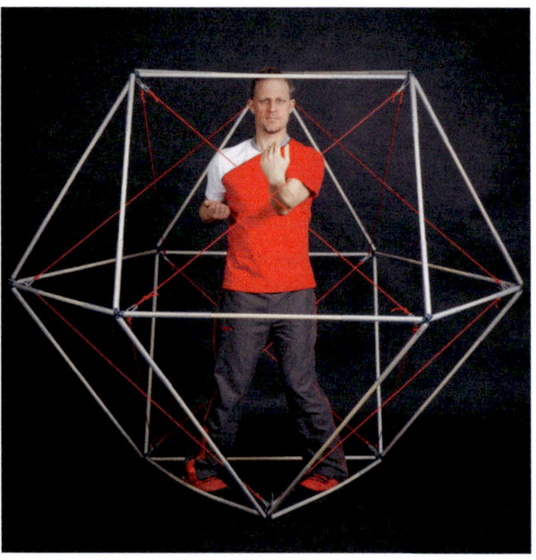

Position 2

Der BongSao sollte meiner Meinung nach nicht so weit nach vorne gehen bis zur Stabilitätsgrenze, sondern nur auf die Höhe des kleinen VE's.

In dem Fall bewegt man sich von Position 1 zu Position 2 sphärisch entlang der Oberfläche des kleinen VE's des Oberkörpers.

Der achte Satz

Der achte Satz ist aus sensomotorischer Sicht der schwierigste. Er setzt hohe Anforderungen an Achtsamkeit, Ansteuerung und Timing voraus. Klar wird dies erst, wenn man die Bewegungen mit einem Partner als Feedbacksystem macht, welcher das Handgelenk leicht festhält. Um den Griff des Partners abstreifen zu können, darf man den Arm erst dann zurückziehen, wenn die Hand des Partners abgestreift ist.

Ansonsten fesselt man sich selbst. Außerdem kann die Hand des Partners nur dann kraftfrei abgestreift werden, wenn der Fokus während der Bewegung beim eigenen Arm bleibt. Sobald die abstreifende Hand mit der haltenden Hand des Partners in Berührung kommt, beginnt man normalerweise automatisch gegen die Hand, also gegen den Berührungspunkt mit der Hand des Partners zu drücken. Das endet automatisch in einem Kraftakt.

Bleibt der Fokus jedoch beim eigenen Arm und man konzentriert sich nur auf die Berührung mit sich selbst, funktioniert das Abstreifen mit Leichtigkeit.

Zur Einheit und dem Timing mit sich selbst:

Das zweite wichtige Thema aus sensomotorischer Sicht ist die Einheit und das Timing mit sich selbst. Am Ende der TuetSao-Bewegung darf die untere Hand erst zurückgezogen werden, wenn der kleine Finger der bewegten Hand, das Daumen-Grundgelenk der unteren Hand passiert hat.

Das anschließende Zurückziehen der unteren Hand bis zum Ellbogen des ausgestreckten Armes, soll gleichzeitig fertig sein, wie das Strecken der abstreifenden Hand. Diese zwei so unterschiedlich langen Bewegungen so zu timen, dass diese gleichzeitig enden, ist eine große Herausforderung an die Körperwahrnehmung und Koordination.

In der SiuNimTau ist der achte Satz der einzige Satz, wo an dieser Fähigkeit gearbeitet wird, die anschließend in der ChamKiu-Form eine wichtige Rolle spielen wird.

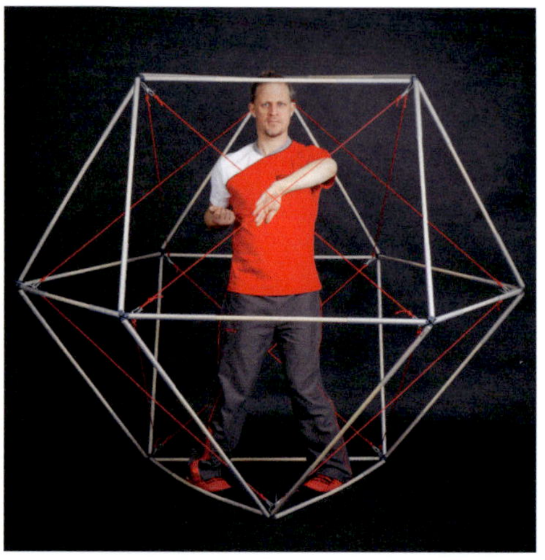

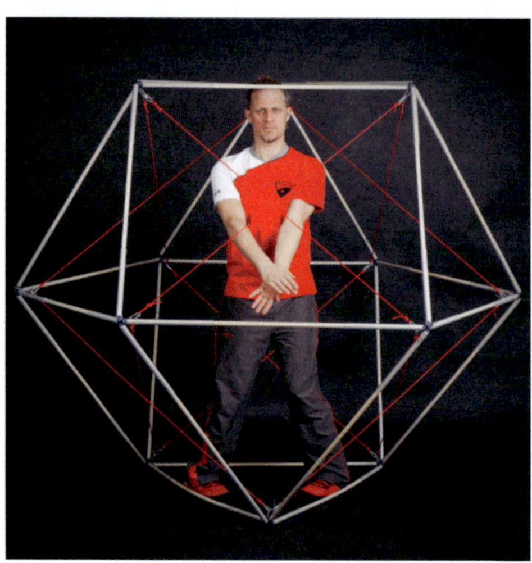

Die linke Hand darf erst zurückgezogen werden, wenn der rechte kleine Finger das Daumen-grundgelenk der linken Hand passiert hat.

Schlusswort und Vorankündigung

So viel zur Geometrie und Biomechanik der Mitte im WingTsun. Die ursprüngliche Version des Buches beinhaltete einen großen Teil über sensomotorisches Lernen und über ChiSao. Ich habe mich dazu entschieden, daraus einen zweiten Band zu machen, sollte das Interesse dafür vorhanden sein. In diesem zweiten Band werde ich aufzeigen, nach welchen Prinzipien das Gehirn Bewegungen lernt und welche Konsequenzen sich daraus für das Training von DaanChi und den ChiSao-Sektionen ergeben.

Ich durfte in meiner Arbeit als Neurophysiotherapeut vielen Menschen nach Schlaganfällen oder Schädelhirntrauma wieder auf die Beine helfen. Dabei habe ich sehr viel über sensomotorische Entwicklung und sensomotorisches Lernen gelernt und möchte dieses Wissen gerne mit der WingTsun-Community teilen.

Außerdem überlege ich, einen dritten Band zu schreiben, wo ich noch mehr auf die hier kurz angeschnittene Theorie der Einheit und die universellen Prinzipien eingehen werde. Damit verfolge ich das Ziel, Ideen und Anregungen für ganzheitliche Meisterschaft im Sinne der **Kampf-KUNST** und somit für Persönlichkeitsentwicklung und geistiges Wachstum zu liefern.

Ich freue mich zu erfahren, was Du über dieses Buch und diese Philosophie denkst. Du kannst mich jederzeit unter info@wingtsunwil.ch kontaktieren, mir Deine Meinung schreiben und mir auch mitteilen, ob Dich die oben angekündigten weiteren Bände interessieren würden.

Danke fürs Lesen.

Samuel Lutz

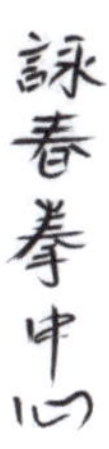

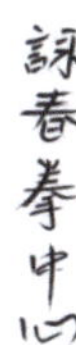

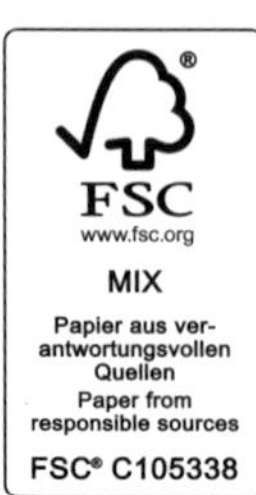

© 2024 Samuel Lutz
Verlag: BoD • Books on Demand GmbH, In de
Tarpen 42, 22848 Norderstedt
Druck: Libri Plureos GmbH, Friedensallee 273,
22763 Hamburg
ISBN: 978-3-7597-5921-4